检察技术与信息化

总第016辑
2016年第2辑

Procuratorial Technicalization And Informatization

总 主 编　李如林
执行主编　赵志刚

顺势而为打造智慧检务　迎难而上深耕科技强检（卷首语）

最高人民检察院检察技术信息研究中心主任　赵志刚

2015年是我国全面推进依法治国的开局之年，是我国全面完成“十二五”规划的收官之年，更是我国“十三五”改革发展的规划布局之年。检察技术信息化部门围绕检察业务工作，紧跟科技发展趋势，以“三严三实”为根本要求，以电子检务工程和科技强检示范院创建等重点工作为抓手，检察技术信息化工作实现新的突破。2016年是“十三五”开局之年，也是依法治国和司法体制改革全面推进之年，“一年之计在于春”，在这辞旧迎新的时刻，回顾过往、展望未来，为2016年的工作打下收获的基石。

2015年，首席大检察官曹建明在“互联网+检察”工作座谈会上，对“智慧检务”做了一系列的重要阐述。曹建明检察长说，智慧检务是基于“互联网+”和“大数据思维”为背景的，是全新的检察工作模式，是颠覆性的，是区别于我们以往的工作方式。2015年，电子检务工程正式启动，在2016年及未来几年，我们将要看到的就是这样一个以数据驱动为导向的、智慧检务时代的到来。电子检务工程，是检察机关信息化的奠基性工程，我们要建设司法办案、检察办公、队伍管理、检务保障、检察决策支持、检务公开和服务等六大平台，是我们检察工作向现代转型的一个重要标志。我们乐见经过我们的努力经由电子检务工程的建设，来迎接一个以数据驱动为导向的智慧检务时代的到来。

2015年以科技强检示范院创建为契机，全国各级检察机关的技术信息化工作全面发展，科技基础建设、科技支撑服务能力水平、科技队伍培养等方面快速提升。2016年，高检院将继续深化科技强检战略，以“十三五”科技强检规划编制为基础，加强科技强检顶层设计，以推进智慧检务、加快电子检务工程、深化检察技术办案、强化科研创新，充分发挥科技工作的巨大潜能，以检察技术、检察信息化、检察科研三驾马车推动检察工作的快速发展。2016年2月11日“引力波”宣布被证实，全球为之振奋不已，科技的魅力和力量震撼人心。科技的力量必将也正影响着检察工作。科技飞速发展，检察科技人处于一个光辉激扬的时代，使命光荣、责任重大，何其幸哉！何其壮哉！科技强检功成不必在“我”，功力必不唐捐！▲

目录 CONTENTS

科技论坛

经验交流

破译“死亡密码”守护公平正义

——记辽宁省大连市人民检察院技术处处长曹辉

文 | 辽宁省大连市人民检察院技术处

曹辉，男，1962年6月生，现任辽宁省大连市人民检察院检察技术处处长，三级高级检察官。全国检察机关刑事执行检察部门一级人才库法医鉴定类专家，辽宁省检察系统检察业务专家，中国法医学会辽宁省学会理事，辽宁省法医学会法医病理学科副主任委员，大连医科大学法医学兼职教授，大连市医疗事故技术鉴定专家库专家。荣立二等功一次、三等功二次，多次获得优秀公务员、先进工作者、市级先进个人等嘉奖。

>>1

>>2

“作为法医，要具备一个缜密、科学的头脑和一颗悲悯的心，要有精湛娴熟的法医技巧、细致敏锐的洞察力和严谨的工作作风，要用科学的鉴定结论说话，敢于揭露事实的真相，捍卫法律的公平公正……”1985年，踌躇满志的曹辉从中国医科大学法医学专业毕业，担任大连医科大学病理与法医学教研室教师。1988年，带着对法医事业的崇敬，他迈入大连市人民检察院，开始了法医检验鉴定及相关科研工作。

近30年来，曹辉勤恳努力，将扎实的专业理论功底运用到检察业务工作中，又在实践中不断积累经验、总结成果，突破法医学的难题。他先后办理了各类法医学检案鉴定3000余件，解剖检验尸体千余例，鉴定结论意见无一例差错。他揭露了多起伪诈的伤病案件，纠正了百余件原结论错误的法医鉴定。在疑难案件中，他不畏艰苦，出具关键的技术性证据，为确保案件的客观、公正提供了大量翔实、准确的科学依据。

一、作风严谨，挖掘死亡真相

法医的职业素养，不仅要求其具备扎实的专业理论知识和娴熟技术，更需要有严谨科学的工作作风。曹辉说，“检验鉴定中，绝不能放过任何蛛丝马迹，更不能绕过一点微小的疑问。法医要能将检验所见与案件结合，综合分析得出结论，这也正是法医区别于医生的不同之处”。

1990年，曹辉到检察机关工作的第二个年头，期间经历的一起案件至今使他记忆犹新。曹辉说，那起案件让他对法医这份职业有了重新的审视，并对他后来业务的发展产生了深远影响。

1990 年 8 月，大连市某区一男性被害人被多人殴打后出现呼吸困难等症状，约 6 小时后死亡。该区侦查机关对尸体进行解剖检验，取死者肺脏组织送到某医院病理科做病理组织学检查。病理科医生阅片见肺脏在广泛充血水肿的基础上有大量的红细胞及中性粒细胞渗出，诊断其为大叶性肺炎。依据病理科医生的诊断意见，侦查机关出具鉴定结论，认为死者因患大叶性肺炎引起呼吸衰竭死亡，而被打是呼吸衰竭的诱因。

案件在送到检察院审查时，曹辉调阅了此案的病理切片，凭借病理学教学经验，他对此结论提出异议——肺内病变虽是以细胞及蛋白水肿液渗出为主的渗出性炎症病变，但从渗出的细胞成分和比例看，不符合大叶性肺炎各分期病变的特征。

在查阅大量相关资料的基础上，曹辉要求对尸体进行重新检验。再次检验发现，死者躯干及四肢除有多处拳打脚踢伤外，还有多处踩压形成的损伤，提取损伤处的皮下组织和肌肉在显微镜下观察，可见有挫伤出血及坏死。经组织专家会诊，最后认定死者肺脏病变为坏死物质被吸收入血后引发的肺内改变，即创伤性湿肺——“休克肺”的病变。重新检验结论为被害人因钝体打击致多处软组织挫伤坏死，引起创伤性湿肺致呼吸衰竭死亡。这起案件不仅让曹辉掌握了创伤性湿肺的病变特点，更对其解决后来遇到的多例案件起到了特殊的指导作用。

二、不畏艰辛，揭秘腐尸死因

法医工作有着常人难以体会的艰辛。但对曹辉来讲，只要能通过鉴定结果将不法分子绳之于法，让死者瞑目，让家属得以安抚，再辛苦都值得。

1991 年 9 月，大连市长海县獐子岛发生一起船员在海上作业时意外死亡案件。据其船长讲，3 个月前，该船一名船员受他指派下到海中割断缠绕到船螺旋桨上的渔网，但在下水约十几分钟后，便浮上海面并确认死亡。

该船长称，船员自身患有疾病，是在海里突然病发死亡的。但办案干警认为，此案疑点重重，船长有强令船员违规作业的嫌疑。因为岛上没有火葬场，按当地居民习惯，死者被埋在山坡上。为了查明真正的死因，曹辉毅然决定开棺验尸，给死者和家属一个交代。

9 月的獐子岛骄阳似火，经 3 个月的掩埋，尸体已经严重腐败，现场散发出的尸臭味更是令人难以忍受。曹辉克服种种困难，对尸体进行了两个多小时的仔细检查。经查，该船员是被螺旋桨叶片击伤，致多根肋骨骨折、胸外伤死亡。

在证据面前，船长承认了在船员下水后，由于过早启动了发动机，导致该船员被螺旋桨叶片击伤致其死亡的事实。最终，该船长被以重大责任事故罪追究了法律责任。

三、技术精湛，划定死亡指针

判定死亡原因、死亡时间，抽丝剥茧，让尸体“说出”真相，这是法医的看家本事。曹辉凭借精微深邃的病理学造诣，在遇到棘手案件时，总能找到突破口，为破案提供有力的证据。

1996 年，大连市某公安分局发生干警刑讯逼供致人死亡的案件。死者关某在盗窃现场被抓，下午 2 点左右，被带到派出所。其在被关押、讯问 18 个小时后死亡。期间，曾有三组办案民警先后对其进行过看管和讯问。关某的死亡原因及主要损伤时间的确定，直接关系到案件的定性和主要犯罪嫌疑人的锁定。

>>3

在对尸体进行系统法医解剖检验后，曹辉提取了死者相关的器官组织进行病理组织学检查。在显微镜观察中，他发现了死者肺脏组织因软组织挫伤、坏死而引起严重病变，从而认定其因广泛软组织挫伤、坏死，引起肺功能衰竭死亡。根据皮下软组织挫伤及肺脏病变的病理组织学特征，曹辉将造成其死亡的主要时间段锁定在死前6小时至8小时之间。

这一科学、具体的鉴定结论，为案件的定性提供了保证。同时，也为案件的侦查指明了的方向。检察机关根据这一鉴定结论，立即对当晚0点至凌晨2点期间参与看管、讯问的干警调查、取证，最终，使他们受到了法律的追究。

四、匡扶正义，检尸痕捉真凶

曹辉把每起案件、每次审查都作为实施法律监督、维护公平正义的具体实践。2009年，曹辉被辽宁省检察院刑事执行检察部门抽调到某市进行派驻监管场所检察室进行等级评定工作。结束后，该市刑事执行检察部门负责人慕名而来，焦急地找到曹辉，希望他帮忙解决一件棘手的案子。

原来，几天前，该市某看守所关押的涉及一起重要案件的在押人员被报突发疾病，经医院抢救无效死亡，尸体要在次日火化。由于死者身份特殊，所涉及的案件重大、涉及面广，所以检察机关的调查工作也非常慎重。

接受兄弟单位的求助后，当晚，曹辉便在当地刑事执行检察部门领导陪同下赶到停尸间，对死者进行尸检。经仔细检查发现，在死者尸体躯干及双下肢背后侧的尸斑中，有一些条状、中空性皮下出血，尽管皮肤表面无明显破损，但从打击的力度和次数推断其皮下组织内可能有挫伤坏死。另从皮下出血的颜色推断，创伤应是在死前两天以内造成的，而根据中空性皮下出血的宽度、长度等特征，比较符合橡胶警棍的打击特点。曹辉断定，死者系生前受到过棍棒类物体反复多次打击，由于广泛软组织挫伤坏死而导致创伤性休克死亡。

根据曹辉对尸体检验的意见，当地检察机关决定立案调查，并重点对曾看管死者的管教干警进行调查。证据面前，管教人员承认了所作所为。据他讲述，死者被关押期间仍然自恃清高、故意挑衅他。案发当晚，该管教值班，为了给犯罪嫌疑人点教训，便与另一名干警将其带出监室，用胶皮警棍对其进行了4个多小时的殴打。真相大白后，两名干警因故意伤害致死罪，分别被判处无期徒刑和15年有期徒刑。

五、挥斩利剑，守护公平公正

曹辉认为，人人享有尊严，即使是在押人员和狱中的罪犯，也应平等地受到法律保护。因施暴致人伤残、致人丧命的人，无论何等职业、何等身份，也应受到法律的制裁。

2014年4月，大连某监狱发生一起在押人员死亡案件。监管单位报称，罪犯吴某精神不正常，性情暴躁，经常闹监。4月17日下午，该罪犯再次违反监规，被关禁闭，而后继续吵闹，不服从管理，不进食水。24日傍晚6点左右，值班管教发现吴某神志恍惚，倒地不停抽搐，送医院抢救后无效死亡。死者家属接到死亡通知后，情绪异常激动，停尸3个多月不让处理。

此时，刚调回大连市检察院技术处担任处长的曹辉听完情况介绍后，决定亲自带队进行检验鉴定。他耐心向家属讲述检察机关的职责、法律地位，并提出邀请死者家属派代表全程参加法医尸检。经过几次工作，家属同意由检察机关的法医进行检验鉴定。

在曹辉的带领下，经过3个多小时认真、细致的解剖检验，并经病理组织学检验观察，得出结论：死者系受到多次打击，致躯干和双下肢等处广泛软组织挫伤，引起创伤性休克、多脏器衰竭死亡。鉴定意见出具后，大连市检察院刑事执行监督部门立案调查，查明死者生前在监狱被关进禁闭室后，因吵闹、不服从管理，被看管的犯人多次殴打，形成了身体多处广泛软组织挫伤、坏死，休克死亡的事实。

最终打人者受到了法律的严惩，相关的责任干警受到法律的追究，正义得以伸张，死者得以告慰。

六、钻研学术，追求医学真理

多年来，曹辉从未停止对法医专业知识领域的探索。1988年调入检察机关后，他一直兼职担任大连医科大学法医学教学的主讲教师，为本科生和研究生讲授法医学课程。2000年始，又被该校聘为法医学兼职教授。曹辉认为，只有将法医检验鉴定、教学和科研三者相结合，相互推进，才能开拓更宽泛、更深层次的创新领域。

2005年至2014年，他在大连市检察院刑事执行检察处先后任副处长、处长。近10年间，对在押人员和吸毒人员猝死的原因进行了统计分析；参与办理了刑讯逼供、体罚、虐待被监管人员以及涉及被监管人员伤亡等各类案件数百起，融合法医学专业知识和刑事执行检察工作实践，对类案的办理积累了丰富的工作经验。

>>4

“要勤于思考，钻研业务，善于积累……”曹辉不仅这样教育他的学生和年轻的同志，更用自己的实际行动，示范和影响着他人。他撰写的30余篇法医学论文，分别在国家及省级学术期刊和会议上发表并获奖；他撰写的《46例医疗纠纷的临床病理分析》一文，被辽宁省科协评为辽宁省自然科学优秀学术论文；两项科研课题在大连市科技局立项，其中已完成的《实验性周围神经和血管电流损伤的形态学观察》课题，应用了电子显微镜的观察技术手段，找到了电击致神经和血管损伤的病变基础，在中国科协第二届青年学术年会上获得优秀论文二等奖。另一项《心源性猝死早期观察指标的研究》也已进入实验总结阶段。

作为检察机关的法医，曹辉时刻保持客观理性的头脑，慎重地审视每个案件，认真地对待每次鉴定，踏实地做好每项研究，始终保持着维护群众利益的责任感，守护法律公平公正的使命感和不断追求法医学进步的紧迫感。对他而言，获得的荣誉远不及突破案件难题和科研成果获得肯定来得充实和满足，他用尊重科学、忠诚法律、秉持正义、钻研创新的魄力深刻诠释了检察机关法医这份职业的神圣。▲

精心谋划 统筹推进 开创“科技强检”工作新局面

——辽宁省人民检察院科技强检示范院创建经验

高检院宜昌会议后，辽宁省人民检察院认真贯彻落实高检院《“十二五”时期科技强检规划纲要》，以提高法律监督能力和执法公信力为中心，以“科技强检示范院”创建活动为载体，以《科技强检示范院创建办法》为标准，以提升科学技术应用能力为重点，以不断加大检察工作科学技术含量为目标，坚持“推进建设、突出应用、加强管理”的工作思路，大力实施科技强检战略，有效促进了检察工作机制、办案模式和管理方法的转变，科技强检工作稳步发展、不断深化，取得明显成效。

一、以“检察业务需求”为导向，增强“科技强检”新成效

该院高度重视检察技术在执法办案和诉讼监督中职能作用的发挥，积极探索与业务部门协作的途径，先后制定了《辽宁省检察机关关于加强检察技术工作与检察业务协调配合的实施办法》和《辽宁省人民检察院关于暂予执行监外执行法律监督程序的暂行办法》等工作制度，确定检察技术应用纳入执法办案的工作流程，建立高效、稳定的协作机制，通过检验鉴定、技术性证据审查、技术协助等形式，协助办案人员收集、鉴别、审查、判断证据。在办理职务犯罪侦查案件中，按照“审录分离”的原则，实现讯问犯罪嫌疑人全程、全部、全面录音录像，建立职务犯罪侦查信息系统和信息快速查询系统，应用电子取证、话单分析、手机定位以及心理测试等技术，发现线索、固定证据和获取证据，追踪犯罪嫌疑人，极大地提高了办案效率，运用技术手段查办案件量达到100%。在办理公诉案件、侦查监督、刑事执行检察、民事行政、控告申诉案件中，充分应用检察技术

>> 图 1：电子证据实验室

手段解决诉讼活动中遇到的专门性技术问题，依法排除非法证据，增强诉讼监督、侦查监督、审判监督和刑罚执行监督的实效性，提高监督质量，保外就医技术性证据审查达到100%；驻所检察室应用检察监控系统，实时监督监区情况，预防并及时发现违法行为，独立调取并保存监控录像。职务犯罪预防工作应用行贿档案查询系统，实现行贿犯罪档案查询工作制度化、规范化和常态化。技术部门运用法医、文检、司法会计、电子取证、心理测试等技术，参与业务部门执法办案，发挥检察技术辅助侦查、保障监督的职能作用，成功办理了一系列有影响的大案、要案。

为适应信息时代检察工作发展的新需求，有效解决实际工作中面临的新情况、新问题，该院通过建设、改造、搭建、研发等方式，有效强化了全省检察工作的科技含量。建设全省三级院“远程视频接访系统”，通过该系统的互通互联、接访预约、视频交流等功能，实现了三级检察机关联合接访机制，建立了群众向检察机关控告、申诉、举报、反映问题的网上绿色通道。升级完善全省检察机关执法质量和队伍建设“网上考评系统”，实现全省考评佐证材料网上填报，考评结果网上公示，有效加强了全省检察工作的规范化管理。搭建服务全省的“统一业务应用系统”综合管理平台，建立数据恢复灾备中心，为统一业务应用系统的全面应用奠定基础。建设由省院门户网站和市县两级院子网站共同组成全省检察机关“互联网门户网站集群平台”，对集群平台发布的信息进行集中管理、存储和备份，为全省检察机关提供接入服务。自主研发财务、资产管理信息系统，实现财务网上报销，办公用品网上申领，有效推动了检务保障信息化、规范化管理进程。

二、以“基础建设”为抓手，提升“科技强检”新高度

2012年新建完成的辽宁省人民检察院综合业务楼，打造了“安全、舒适、高效、节能”的办公办案环境，实现检察技术信息化工作质的飞跃。在“司法鉴定中心”和“网络信息中心”的规划、设计、建设和施工中，针对功能、环境以及未来发展的特殊要求，进行标准化和规范化同步设计，奠定了实施“科技强检战略”的基础。

“司法鉴定中心”总面积约1060平方米，投入资金1000余万元，用于实验室设施改善和设备购置，共有案件受理室、物证保管室、资料保管室、质量控制室以及各种专业实验室28间，配有各类检验鉴定仪器设备90余台。实验室可独立开展法医病理、法医临床、文件检验、痕迹检验、司法会计检验、心理测试等6个鉴定项目，实验室规模和技术能力均处于全国检察机关前列。2013年该院实验室在全国省级院率先通过CNAS评审认可的基础上，又被国家认可委员会（CNAS）和最高人民检察院检察技术信息研究中心确定为“十二五”科技支撑计划课题，即《司法鉴定/法庭科学认可评价技术研究与示范》课题试点单位。作为全国5家试点单位、检察系统唯一一家试点单位，标志着该院司法鉴定实验室认可工作具有一定的代表性和示范性，这必将带来技术办案应用质量的有效提升，满足以审判为中心的诉讼制度改革对鉴定意见高标准的质量要求。

>> 图2：辽宁省院办案区

“网络信息中心”机房及配套支持区总面积约1500平方米，建有检察专线网屏蔽机房、保密机房、网络通讯机房、UPS电源配套支持区、网络控制中心、保密机房控制中心、会议指挥调度中心、消控中心、数据中心、灾备中心。信息网络系统分检察专网、党政网、物业网、互联网、财务网、专网语音、外网语音等七套综合布线系统，布放数据、语音点合计6200点。新综合业务楼弱电系统总投资6000余万元，通过建筑智能化与检察信息化的全面融合、整合，实现了“楼宇智能化、平台数字化、管理信息化、服务网络化”的信息管理新模式，有效保障了检察工作信息化的应用程度。

三、以“创建科技强检示范院活动”为牵引，带动“科技强检”新发展

为更好地贯彻落实高检院《科技强检示范院创建办法（征求意见稿）》，进一步推动全省科技强检示范院创建工作的有序开展，该院党组决定于2012年在全省检察机关开展“科技强检推进年”专项活动，正式拉开了全省检察机关科技强检示范院创建工作大幕，掀起了科技强检的新高潮，涌现出8个市级院、13个基层院为科技强检先进单位，50名同志为科技强检先进个人。

为落实高检院《科技强检示范院创建办法（试行）》，该院正式下发《辽宁省人民检察院关于科技强检示范院创建活动的实施意见》，明确了全省检察机关科技强检示范院创建工作的指导思想、目标任务、组织机构、工作步骤和工作要求。该意见要求全省各级院对照创建标准，结合本单位具体实际制定《“科技强检示范院”创建工作任务分解表》，建立责任机制，将创建工作任务层层分解，责任落实到部门和责任人。为提升全省各级领导对示范院创建工作的重视程度，激发全体干警的积极性，省院在专线网网站开辟示范院创建活动专栏，发布与创建活动相关的信息，组织编辑示范院专题简报，宣传示范院创建活动的举措和经验，将示范院创建活动的意义量化到事、具体到点。

按照“全力争创、稳妥推进、实事求是、重点选拔”的总体原则，该院对全省开展科技强检示范院创建工作进行了全面部署。要求各地对照创建标准逐项进行梳理和总结，查找差距，明确工作任务，完善工作措施，提高创建效率。该院在对照创建标准自查中，发现还存在检察技术、信息化与检察业务融和度不足、应用范围欠缺等问题。该院针对问题有计划地逐项开展整改，集中建设了面向全省检察机关开放式服务的法律法规查询系统和检察教育培训系统，使全省检察机关共享了信息数据资源，降低了下级院的项目建设和维护成本，为检务公开和队伍教育发挥了重要的技术支撑作用。与此同时，该院还完成网上信访系统，开通微博、微信、客户端，运用定位技术对执法执勤用车进行动态管控，在检务大厅开放网络查询案件等工作。

四、以“电子检务工程”实施为契机，实现“科技强检”新跨越

该院党组高度重视电子检务工程建设，确定由省院信息化领导小组牵头抓总体工作，研究电子检务工程建设的总体思路、建设目标、任务和内容，具体落实工程建设的工作机制和保障措施。作为“一把手”工程，检察长亲自出面向省委省政府汇报，争取工程立项支持，党组成员各司其职，全力协调和配合。信息技术部门作为牵头部门，具体负责需求汇总、总体规划、方案设计、立项申请、组织实施等工作；财务部门负责协助立项申

>> 图3：省院主屏蔽机房数据中心

请、资金落实等工作；各内设机构作为各个业务应用系统的主体责任部门，负责提供应用系统建设需求等工作。同时，省院信息化领导小组根据情况，定期与不定期召开需求说明会和进度通报会，通过建立由各内设机构负责人参加的联席会议制度和对各部门项目联系人进行统一培训，强化机制，明确责任，形成了齐抓共管，高效运转的工作格局。

在电子检务工程总体规划设计上，该院坚持统筹规划，稳步推进的原则，拓宽思路，前瞻思维，特别是在应用系统的总体规划上不留死角，力争开好篇，布好局。在对各部门、各条线建设内容进行现状分析、梳理的基础上，出台《辽宁省检察机关电子检务工程建设指导方案》，提出了全省检察机关电子检务工程建设的总体构想、建设进度和实施步骤。为做好可行性研究报告编制工作，该院专门组织召开了由各牵头部门负责人参加的需求论证会，由各部门具体联系人参加的需求填报研讨会。由于各个部门的共同参与，使得该省在充分分析论证的基础上，短时间内完成了电子检务工程的需求分析工作，编制了《辽宁省检察机关电子检务工程可行性研究报告》，并顺利通过了高检院和省发改委组织的专家评审。报告统筹规划了网络平台、应用系统、配套工程、安全体系、运维体系等5个体系的建设内容。同时，在高检院顶层设计的基础上，围绕职务犯罪侦查与预防、刑事诉讼监督、民事审判与行政诉讼监督、检务支持、检察办公、检察队伍管理等7个业务系统，进一步细化了全省电子检务工程的63个应用子系统。目前，该省电子检务工程可研报告已经通过省发改委组织的评审工作，现正等待立项批复中。▲

坚持需求为要应用至上
大力推进科技强检战略创新发展

——山东省人民检察院科技强检示范院创建经验

科技强检是检察工作的发展方向，也是提升检察机关战斗力的必然要求。近年来，山东省人民检察院深入贯彻落实高检院关于科技强检工作的部署要求，将创建科技强检示范院作为促进和检验整体检察工作成效的重要载体，以争当排头兵的精神和勇气，大力推进检察技术和信息化在检察工作中的深度应用，有力推动了科技强检战略创新发展。

一、精心组织、统筹规划，扎实推进科技强检战略深入实施

该院坚持科技强检战略不动摇，始终把科技强检工作作为全局性、战略性、基础性工作来抓，紧紧围绕检察业务工作需求与深度应用，全面加强和改进检察技术工作，统筹规划信息化工作发展，扎实推进科技强检战略深入实施。

1.始终把科技强检战略摆在优先发展的位置上。该院党组认真贯彻落实高检院《“十二五”时期科技强检规划纲要》，将检察技术和信息化工作摆在优先发展的战略位置，紧紧围绕检察工作尤其是司法办案中心工作，坚持需求为要、应用至上，积极探索各项检察业务工作的科技需求，最大限度地发挥科技资源的引领作用和整体效益，为检察工作提供更加强大的科技引擎。该院成立科技强检工作领导小组和信息化工作领导小组，党组书记、检察长吴鹏飞担任组长，全面加强对科技强检工作的组织领导，统筹推进科技强检战略深入实施。

2.全面加强和改进检察技术工作。为全面加强和改进检察技术工作，进一步促进检察技术与检察业务工作深度融合，改变检察技术在检察业务工作中应用力度不够、应用范围不广、应用效果不好等现状，2014年3月，该院及时研究出台《关于加强检察技

>> 图 1：吴鹏飞检察长视察省院司法鉴定中心实验室建设情况

术工作的意见》，明确了检察技术工作的职能定位，提出了“做优省院、做强市院、做实基层院”的总体目标和强化应用、健全机制、加强队伍、基础建设、组织保障方面的指标要求，为检察技术深度应用提供了有力保障。

3. 统筹规划推动信息化工作健康发展。该院注重顶层设计，加强科学统筹，将信息化建设列为“三项建设”重要内容，按照“普及应用抓全检、深度应用抓专业”的总体思路，大力推进信息化全检应用和普及应用。研究制定《2013 — 2015 年全省检察机关信息化建设规划》和年度实施意见，持之以恒打造山东检察“信息航母”和“信息超市”，努力构建“全检工作信息化、信息工作全检化”和“基础信息化、信息基础化”应用格局，推进全省检察信息化建设和应用向更高层次、更高水平迈进。

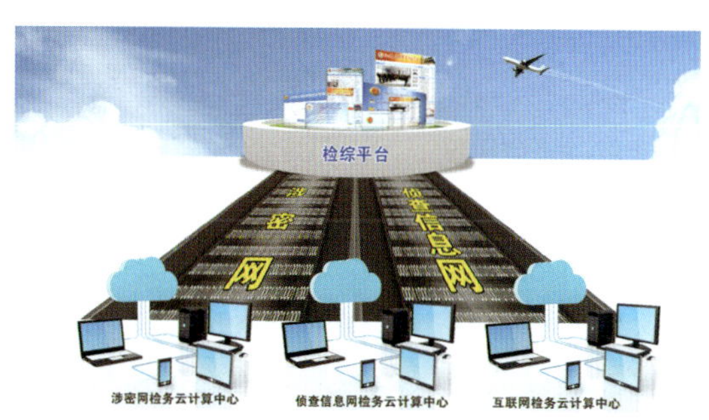

>> 图 2：一个平台两条信息高速公路三个检务云计算中心

二、坚持以检察业务需求为导向，全面加强科技强检基础建设

该院以检察业务需求为导向，大力加强科技强检基础建设，持续促进检察技术、信息化与检察业务有效融合，为检察技术与信息化深度应用打下坚实基础。

1. 不断强化检察技术和信息化机构、队伍建设。近年来，该院不断加大专业技术人员引进培养力度，为深入推进科技强检战略实施提供了有力的人才队伍保障。截至目前，技术处共有 16 人，其中 5 人具有硕士学位，7 人具有高级职称，能够开展法医、司法会计、电子证据、视听、文检、痕检等 6 个专业门类的工作；拥有 2 名全国检察业务专家、1 名全省检察业务专家，6 人入选全国检察技术信息人才库。信息中心设有运维、网络、通信、综合等 4 个科室，11 名信息技术人员中 4 人具有硕士学位，3 人具有高级职称，4 人入选全国检察技术信息人才库。

2. 持续加大科技装备经费投入力度。近年来，该院持续加大科技装备经费投入力度，为深入推进科技强检战略提供了坚实的资金保障。仅 2013 年以来，该院信息化建设的资金投入就达 1.21 亿元，确保了各项建设和研发应用任务的完成。统一部署实施，全省检察机关“一个检综平台、两条信息高速公路，三个检务云计算中心”已初具规模，构建起涉密网、侦查信息网、互联网检务云应用体系，全力打造山东检察“信息航母”和“信息超市”。为实现全国一流司法鉴定实验室的建设目标，参照高检院一类实验室标准设计，新建专业技术用房 4758.68 平方米，投资 1000 余万元用于实验家具及功能装修。目前，实验家具及功能装修业已完工，首批投资 600 万元购置的实验设备已经到位，相关配套设施建设正在进行，力争 2016 年在新增设备预算 800

余万元的基础上，年内通过司法鉴定实验室国家认可。

3.大力加强检察信息化系统平台建设。该院以统一业务应用系统为核心，以电子检务工程为抓手，以检务综合平台为载体，大力加强信息化基础建设。一是建成一体化、开放式检务综合平台。以业务需求为导向，建设了集业务应用、政务管理、队伍管理、绩效考核、侦查信息化、廉政风险防控、刑事执行监督、派驻基层检察室管理等8大系统为主干的检务综合平台，初步形成办公办案网络化、绩效考核动态化、队伍管理高效化、侦查实战数字化、风险防控全程化、执检监督实时化、基层检察网格化的新常态，努力实现对各项检察工作的信息化全覆盖。二是信息化基础水平全面提升。全省检察涉密网全部扩至双百兆，分支网络覆盖率达到百分之百，在全国率先完成侦查信息网建设，实现了省、市、县、检察室四级互联互通；该院建设了先进的省级数据中心，依托云计算技术搭建了涉密网、侦查信息网、互联网检务云平台，为各项应用提供了强有力的运行支撑环境。三是完成了涉密信息系统分级保护建设和互联网站等级保护建设，安全保密体系进一步巩固；完成全省高清视频会议系统升级改造，在全省全面开展了远程讯问和远程接访系统建设，顺利实现与高检院视频接访互联对接，实现可视化互联互通。

>> 图3：山东省检察机关刑事执行检察业务平台截图

4.有效促进检察技术、信息化与业务工作深度融合。研究出台《山东省检察机关科技强检工作规范》和《山东省人民检察院关于加强科技强检机制建设的意见》，全面促进检察技术、信息化与各项业务工作深度融合。一是坚持“信息化+”理念，以信息化促进司法办案、队伍管理现代化水平的全面提升，把信息化贯穿和体现于检察工作的全过程、各环节，不断将信息化建设转化为现实战斗力。二是制定《关于在检察业务工作中加强检察技术应用的若干规定》等6个配套文件，健全完善与侦监、公诉、反贪等各业务部门的协作机制，有效促进检察技术与业务工作的深度融合。三是制定出台《检察技术处与信息中心关于网络远程办案协作配合的暂行规定》，通过远程会检、同录中心等信息化手段服务技术办案。开通“阳光鉴定咨询网”，利用互联网延伸司法鉴定工作触角，解答鉴定咨询，回应群众关切，曹建明检察长视察时给予了高度评价。

三、建用并举、重在应用，大力推进科技强检战略创新发展

该院坚持建用并举、重在应用，结合山东省的实际情况，大胆探索创新，着力强化检察技术、信息与检察业务工作的深度融合，有效提升检察技术与信息化的应用内涵、范围和领域，取得了一大批自主化、个性化的建设成果，有力推动了科技强检战略的创新发展。

>> 图 4：山东省民生检察服务热线截图

1. 检察技术工作成效显著。该省检察技术办案数量多年位居全国前列，2014年度法医、司法会计、视听等3个专业办案数量位居全国第一，文痕检、心理测试、电子数据等专业办案量均位列全国前十。司法会计、视听、文检等专业技术人员多次参与全国重特大案件办理，为职务犯罪案件查办提供了有力的技术支持。一是积极开展“阳光鉴定”。该院开展“阳光鉴定”工作，为化解矛盾、促进社会和谐稳定发挥了重要作用，省委、高检院领导先后做出重要批示，给予充分肯定。“阳光鉴定”工作法先后荣获“全国诚信建设制度创新优秀事例奖”、全省检察机关工作创新成果二等奖、省直机关“先进工作法”。二是深入推进高新技术应用，通过数据恢复、密码破解、手机检验等电子证据技术手段，帮助侦破案件980余起；包括该院在内的全省19个单位接入高检院电子数据云平台，是全国接入单位最多的省份。三是创新研发同步录音录像管理系统。在全省建成各市级院同录中心，实现市级院与基层院互联互通的同步录音录像数据远程传输、存储与刻录，集中管理和在线查询，是以检察信息化助推司法规范化的重要举措，属于全国检察系统首创。四是率先建成司法鉴定综合应用系统。自主研发、率先建成覆盖全省的司法鉴定综合应用系统，系全国检察系统唯一实现集远程指导、异地会检、自动组卷功能为一体的综合应用系统。目前，该系统已实现省、市、县三级院的互联互通，实现了鉴定资源的最大化整合，解决了基层院技术力量不足、异地会检费时耗力等难题，有效提高了司法鉴定工作效率。

2. 检察信息化工作亮点纷呈。结合自身实际，积极探索，创造性地开展信息化工作，打造出一批具有山东检察特色，管用、实用的“杀手锏”。一是成功试点并率先推行统一业务应用系统和案件信息公开系统。按照

>> 图 5："全国诚信建设制度创新优秀事例奖"获奖照片

院党组“一定要试点成功，必须要试点成功”的要求，全员培训、全力保障，强势入轨、强力推进，圆满完成了试点任务，并率先在全省全面推广应用，为全国推广积累了宝贵经验。二是独创统一业务应用系统交流互助平台。实现与统一业务应用软件的有机融合，在线收集软件试点运行中遇到的问题，在线反馈解答，自动入库备查，搭建起顺畅的网上互助通道，工作经验得到高检院曹建明检察长、胡泽君副检察长的充分肯定并予以推广，被借鉴运用于全国系统运维工作。三是视频资源整合工作成效显著。在完成多个视频系统建设基础上，依托侦查信息网开展“检视通”视频资源整合，建成视频指挥中心，实现视频资源跨网络、跨部门的一体化共享和应用，建设成果得到了高检院认可并被列为一级科研课题。

3. 检察业务工作成果丰硕。该院以检察技术与信息化深度应用为着力点，积极推动科技强检建设更快更好地转化为现实战斗力，取得了丰硕建设成果。一是刑事执行检察信息系统建设独具特色。在完成与监管场所监控和信息联网的基础上，实现了全省监管信息和监督业务数据动态分析处理，突发事件和监管事故远程指挥研判，实现了实时、动态监督，高检院要求全国检察机关借鉴山东模式，建立刑事执行检察业务综合信息平台。二是创新研发廉政风险防控系统。以廉政风险防控信息化深化司法规范化，实现对检察权运行的同步监督、动态监控、自动预警、全程留痕，在全国检察机关属于首创，高检院原纪检组组长莫文秀及相关领导给予充分肯定。三是依托互联网创新检务公开方式。建设互联网门户网站，开通“96699”民生检察服务热线，与“12309”控告举报热线并行接入，集在线咨询、举报控告、网上申诉、视频接访等功能为一体。在全省率先推广律师预约系统，建立“两微一端”系列新媒体品牌，依托互联网拓宽了检务公开的渠道。▲

科技助力壮乡检察实现新飞跃

——广西壮族自治区南宁市人民检察院科技强检示范院创建经验

2012年以来，广西壮族自治区南宁市检察院以争创全国“科技强检示范院”为契机，坚持把科技强检作为全市检察机关的重点工作抓实抓好，充分发挥科学技术对检察工作的支撑、推动和引领作用，在基础平台系统建设、信息化应用成效、服务办案、安全保密、队伍建设等方面亮点不断：先后荣获高检院“文明接待示范窗口”、国家版权局“2013年度查处侵权盗版案有功单位一等奖”、全区检察机关侦查信息化竞赛团体一等奖等殊荣；技术处荣获全国、全区、全市先进集体、先进个人等奖项21人次；市院检察信息化工作得到自治区检察院的充分肯定并召开现场会总结推广经验。

一、围绕争创全国先进，高起点谋划科技强检工作

1.认识到位。为适应科学技术助推检察工作，服务南宁经济社会又好又快发展的要求，南宁市院党组将科技强检作为一项基础性工作纳入全市检察工作中长期发展规划，紧密结合首府南宁实际，提出“争创全国科技强检示范院、提升南宁检察首位度”的发展目标，并制定下发了《南宁市检察机关科技强检五年发展规划》，要求全市检察机关必须从全局性、根本性、战略性的高度认识科技强检工作，从行动上加大力度，从落实上狠下功夫，坚定不移地将科技强检工作推向深入。

2.组织有力。把加强领导作为落实科技强检战略的组织保障。全市14个院均成立了以检察长为组长、分管副检察长为副组长、各部门负责人为成员的信息化工作领导小组，形成了检察长亲自抓、分管副检察长具体抓、各部门密切配合的良好局面，为推动全市检

>>1

察机关科技强检规划实施打下了坚实的组织基础。

3. 机制完善。南宁市院把制度机制建设作为落实科技强检战略的有力保障，通过完善制度机制，规范持续推进科技强检战略的有效落实。在广泛调研、反复论证的基础上，南宁市院制定了《南宁市检察机关技术部门与业务部门建立协作配合长效机制的暂行规定》、《南宁市检察系统检察技术一体化办法》等，通过资源整合、健全机制，着力解决制约发展的突出问题，推进了科技强检工作的顺利实施。

二、夯实基础设施建设，高标准抓好科技强检工作落实

1. 完善网络设施更新设备。近3年来，南宁市院共投入建设资金979万元，完成了互联网站升级、办案工作区改造、远程视频会议系统、远程侦查指挥系统及监所监控联网系统建设、升级等一系列重要信息网络基础工程建设。全市三级专线网络的数据带宽从2M升级至100M，网络性能得到极大优化，网络承载能力显著提高。此外，该院还先后投入数十万元进行网络安全建设，建成了由防火墙、防病毒软件、上网行为记录等为一体的立体防护平台，提高网络信息安全系数，搭建起了一个基本符合标准规范、两级院共用共享、体现首府水平的全市检察信息化网络平台。

2. 加大科技投入，配齐配强信息技术装备。根据高检院下发的“两化”装备清单，配备了反侦查设备、卫星导航设备等高科技设备。同时根据高检院司法鉴定实验室分类建设参考标准，还购置了法医勘查箱、

活体检验箱、测谎仪、文件检验仪等设备。2012~2014年，南宁市院共投入科技经费近千万元，远远超过全区平均水平。

3. 创新思路，搭建检察综合信息平台。实践中，针对单个信息系统功能发挥的局限性问题，南宁市院投资400万元对现有信息化系统进行整合，着手建设一个统揽各信息系统功能的信息化综合平台。该平台综合利用了现有的硬件资源和基础数据库，融合了检察业务管理、侦查指挥、远程庭审指挥、远程接访、信息化决策、议事等各项功能。检察综合信息平台利用现代化、智能化的技术手段，改变了各个信息化系统按检察业务分类独立存在、分散作用的状况，实现了统一指挥和综合运用，最大限度地发挥了整体综合功能。检察综合信息平台的建设使用，标志着南宁市检察信息化建设发展到一个新水平。

三、围绕检察业务，高要求抓好科技强检工作质效

南宁市院注重检察技术信息化应用，紧紧围绕“五个质效”做文章，收到了良好的效果。

1. 围绕执法办案，办案抓应用，不断做实检察质效。检察技术与检察业务部门的工作既有着鱼水依存的关系，又有着“隔行如隔山”的疏离。为此，市院技术部门主动加强与各业务部门的配合，制定了《南宁市检察机关技术部门与业务部门建立协作配合长效机制的暂行规定》，并狠抓落实，取得了良好实效。

>>2

（1）注重发挥优势，突出办理检验鉴定案件。加大检察技术在职务犯罪侦查、诉讼监督等执法办案工作中的应用力度。南宁市院充分利用已有的司法会计、法医检验、文件检验、电子证据等技术门类，积极开展检验鉴定工作。2012~2014 年市院共办理检验鉴定案件 242 件，为检察业务部门提供全方位的证据支持。如在横县国土资源管理局原副局长孙某某等 14 人系列贪污腐败窝案的司法会计鉴定中，司法会计在案件侦查阶段均全程跟踪参与，出具的所有司法会计鉴定意见（共 4 份鉴定文书）全部被法庭采信，孙某某等 14 名被告人分别被判处 5 年至 17 年不等的有期徒刑。该案被评为 2013 年度南宁市检察机关反贪部门“精品案件”，2013 年度广西检察机关反贪部门“优质案件”。

（2）积极运用技术性证据审查职能，为办案人员提供科学、准确的定案依据。近 3 年来，市院技术处在进行法医技术性证据审查中，发现结论错误或结论依据不足的案件 30 余件。为了更加有效地发挥技术性证据审查服务检察办案的职能作用，南宁市院注重健全完善制度，通过案管部门实行侦监、公诉与检察技术对技术性证据审查工作的协同机制，即案管办接收伤害和交通肇事等有技术性证据的案卷后，复印、分流给刑检部门和技术部门，有效解决了法定时限内部门间阅卷冲突，畅通了技术性证据审查案件送审与受理的渠道，法医审查时一旦发现问题，则在 24 小时内将审查文书送交案件承办人，最大限度地为案件办理工作提供科学、专业的依据。如在办理黄某等 3 人涉嫌故意伤害案的法医技术性证据审查中，法医经阅卷审查，发现公安机关的鉴定意见有严重瑕疵，南宁市院公诉部门采纳了技术部门文证审查意见，公安机关重新出具了鉴定意见，最终法院采信了该意见，依法作出了判决。该案被评为 2012 年全区检察技术“服务执法办案、化解社会矛盾”优质案件。

（3）加大新兴技术应用力度，发挥服务侦查工作的技术协助职能。借助检察机关推进职务犯罪侦查信息化和侦查装备现代化建设机遇，创新发展电子证据、心理测试等新技术门类应用。南宁市院作为检察机关电子数据云平台接入首批试点单位，2014 年选派技术人员到高检院协助开展云平台应用工作。2012~2014 年，该院检察技术部门共为业务部门提供技术协助 1463 件，其中，心理测试 72 件，电子证据 155 件。数量和质量位居全区前列。如在办理某国有企业工作人员共同贪污案时，因犯罪嫌疑人口供相互矛盾，无法突破，案件进度受阻。办案部门委托南宁市院技术部门对其进行心理测试，后经全市两级院通力协作，最终突破了犯罪嫌疑人的心理防线，迫使其主动交代了犯罪事实，案件得到了重大突破。又如市院电子证据技术人员受基层院反贪局委托对扣押的永兴车队电脑进行数据恢复。经对恢复数据进行分析，发现了该电脑里面存有永兴车队几年来向车主收取的所谓管理费及向市交警支队及邕宁路政大队的涉案人员行贿的原始数据，技术人员及时将取证结果反馈给办案部门。办案部门结合对该案的初查情况及技术部门提供的技术证据，成功查办了交警大队及邕宁区路政大队涉案人员收受贿赂的窝案、串案。

（4）资源共享、优势互补、突出特色。近年来，南宁市院紧紧围绕科技强检目标，充分整合技术资源，逐步探索建立了以强化市院检察技术处指挥、协调职能，立足区域特色，打造高效的“检察技术一体化协作机

>>3

制”。市院技术处作为指挥协调中心统一调配、使用技术的责任部门，注意加强检察技术的一体化建设，形成优势互补、集办案与实战训练为一体的“大技术”格局，同时根据基层院的不同特点，突出各自特色，如宾阳县院的电子证据、心理测试；西乡塘区院的文件检验；横县院的心理测试等形成区域品牌，取得了良好的效果。

2. 围绕办公抓应用，不断显现检察质效。一是综合检务走上“高速公路”。网络信息发布、邮件服务、法律法规检索、网上图书馆等已普遍应用。集行政办公、业务协作、数据交互于一体的实时协作型网上办公系统已经成熟运转。市院档案室实行信息化管理，档案资料数字化存储、数字化检索、数字化传输。二是使用桌面会议系统，实现会议平台及多媒体设备，将声音、影像及文件资料互相传送，达到即时互动沟通。两级院干警只需坐在各自的办公电脑前，点击鼠标便实现了不同空间的“交互对接”。三是南宁市院2006年起引入主流OA网络智能办公系统，通过整合RTX即时通信系统，实现全市两级院的检察办公、队伍管理和检务保障等方面的网上应用，大大提高了工作效率。

3. 围绕管理抓应用，不断拓展检察质效。一是规范案件管理。2010年开始南宁市院自主研发了案管软件（2014年起改用统一业务应用系统），执行“五个统一”进行管理，不断提升案件管理工作水平，即统一受理案件和录入案件信息，确保案件受理的规范性；统一分流案件和流程监控管理，督促承办人准确填录案件信息，及时办理案件；统一接收和管理赃证物，做到一案一卡，案结物清；统一移交和移送案件；统一打印和开具法律文书，严格规范法律文书的使用管理范围。二是加强人员管理。通过检察队伍信息管理系统、教育培训网络化来实现检察队伍管理。三是严格后勤管理。通过财务管理系统、固定资产管理系统、订餐系统、对执法执勤车辆的定位系统，实现检务保障规范。

4. 围绕公开抓应用，不断提升检察质效。一是南宁市院在腾讯网上开通官方微博“@南宁检察”和微信订阅号“南宁检察”，检察门户网站也已改版上线，逐步形成集群式、网格式检察宣传平台，加强与人民群众互动交流，收集案件线索、社情民意，切实将“两微一门户”打造成深化检务公开、接受社会监督和践行群众路线的又一重要平台。二是设有专门的律师接待室（区域），方便律师会见和阅卷。积极开展电子化阅卷，推行光盘刻录，提高律师阅卷效率。运用案件信息公开系统、微信服务公众号开展案件预约、查询，跟踪预约和申请事项，及时协调、督促业务部门在规定期限内处理，确保律师会见权、阅卷权等权利落到实处。三是拓宽信息公开渠道，接受外部监督。配置液晶显示屏和电子触摸屏，公开各类案件信息。

5. 围绕安全抓应用，不断保障检察质效。注重安全机制建设，确保规范应用落到实处。一是建立网络安全运行的规章制度，从网络安全、机房安全、保密安全等方面加强管理；二是使用正版企业版杀毒软件，安装网络安全防火墙，确保网络设备正常运行；三是完成涉密信息系统分级保护建设；四是完成非涉密信息系统等级保护建设；五是建立定期网络安全检查制度，坚持对全院各部门使用电脑设备发布网络信息等情况进行定期检查；六是建立干警安全保密教育制度，制定了《计算机信息系统安全保密规定》，与每名干警签订《检察人员保密承诺书》。自网络开通以来，内外网运行至今未发生任何泄密事件。

四、加大过硬队伍建设，高要求促进科技强检工作创新发展

近年来，南宁市院对技术信息人才的引进、培养和使用均以“五个过硬”为目标，即教育技术干警严守政治纪律、政治规矩，做到政治过硬；突出实践导向，强化培训，做到业务过硬；敢于担当，守土尽责，做到责任过硬；严格自律，上命下从，做到纪律过硬；正风肃纪，严守底线，做到作风过硬。2011 年以来该院共引进技术人员 3 名，其中法医、文检、心理测试各 1 名，具有鉴定资格的技术员从 1 名增加为 5 名，具备的鉴定门类从 3 个增加为 5 个，其中心理测试门类全区仅有南宁具备。近 3 年来先后组织 100 余人次分别参加了高检院、自治区院、本院、高校组织的各类专业培训班学习并积极开展专业研讨、岗位练兵等活动，进一步提高了检察技术人员的专业能力和执业水平。市院 9 名检察技术人员中有 3 名具有研究生学历。2014 年，全市有 1 人入选全国检察机关信息技术人才库，2 人入选全国检察机关统一业务应用系统软件应用人才库，6 人入选全区检察机关信息技术人才库，是全区入选技术人才库最多的单位。近年来，该院检察技术处获全区检察机关减刑、假释、暂予监外执行专项检察活动先进集体，1 人获全国检察机关电子数据取证业务能手，3 人获立个人三等功 4 次，部门负责人获南宁市检察机关及系统先进个人 4 次。▲

深度融合强运用　智慧检察促发展
——江苏省南京市鼓楼区人民检察院科技强检示范院创建经验

近年来，南京市鼓楼区检察院认真贯彻高检院、省、市院关于科技强检的战略部署和要求，深入把握科技强检对检察工作的引领、支撑和保障作用，积极探索传统检察技术与信息技术、信息技术与检察业务的深度融合，紧紧抓住信息化建设这个关键和着力点，坚持问题导向，强化建设应用，自主研发了以服务和保障司法办案为核心，以优化司法管理、促进检务公开为支撑的“一体双翼”[①]“智慧检察”[②]系统，初步实现了办案可视化、数据大应用、管理全时空，为提高检察工作效率、提升法律监督能力、维护社会公平正义发挥了积极的作用，得到上级领导和各地检察同仁的广泛关注和好评。2016年以来，先后有12个省份26批次检察同仁前往座谈交流。

一、运用数字化办案，应对司法改革新常态

为了积极顺应司法体制改革对检察工作的新要求，该院依托检察专线网，打造“全高清办案指挥与监督管理系统”（以下简称“全高清系统”），内设数字接访、数字出庭、数字审讯、数字警务、数字监管5个子系统。“全高清系统”通过建立全覆盖的视频采集系统，将接访、审讯、搜查、出庭、办案区管理等主要司法办案活动形成数字化信息集成平台，通过现场视频采集传输、后台远程交互指挥，以及各种辅助办案等功能模块的设置，实现了不同办案环节的有序衔接、不同办案部门

① “一体双翼”：“一体”是指司法办案工作，“双翼”分别指司法管理与司法公开。
② “智慧检察”：是检察机关充分运用现代信息和通信技术手段，借助检察网、互联网和移动网络，针对办案指挥、执法监督、综合管理、检务公开和便民服务等需求研发的应用系统，对各类检察信息进行归集统计、分析运用，形成大数据平台，有助于进一步促进执法规范，提升执法效能、强化法治宣传，实现检察工作的智能高效运行。

>> 图 1：电子工作站

>> 图 2 检务通

的信息共享，以及不同办案层级的指令传输，为积极应对司法改革夯实基础、创造条件。

一是强化对自侦办案的决策指挥。主动适应办案责任制改革对司法办案的新要求，运用可视化视频共享技术增强检察长对办案一线活动的掌控度，促进管理指挥的扁平化，使检察权运行更加符合司法规律。院领导通过系统可以在线实时了解、参与干警询问、讯问、搜查、接访等活动，全面掌握一线办案各种信息，极大增强对案件的亲历性和指挥决策力；通过移动网络设置证据材料远程传输功能，加强对异地侦查活动的监管和指挥，减少瑕疵疏漏，提高侦查质效。例如，该院在办理某省级机关工作人员华某受贿案中，院领导在案件陷入僵局时，通过该系统比对初查材料、观看实时讯问情况，迅速指挥调整审讯方向，成功突破案件，并将该案办成了一案 8 人的窝串案。

二是强化对出庭公诉的辅助支持。深入研究、积极应对以审判为中心的诉讼制度改革对基层检察工作的影响，该院研发了数字出庭系统，设置了庭上“法律法规及出庭攻略在线查询”、“电子卷宗在线查阅示证”、“后台远程交互指挥指导”等功能，有效地辅助公诉人在庭上应对和驾驭各种复杂情况，提升公诉质量和审判监督水平。例如，该院一名年轻公诉人出庭指控较为疑难复杂的赵某失火案中，该案社会影响较大，多家媒体旁听庭审，两名辩护人均作无罪辩护，面对激烈的庭审辩论，分管检察长和公诉科科长及时通过系统指挥公诉人积极应对，取得较好效果，指控活动受到现场媒体好评。同时，系统对法院庭审活动的音视频和庭审笔录全程留痕，为开展线下事后监督、教育培训、考核评比提供了原始资料。2015 年以来，该院先后通过系统组织检委会委员、代表委员观摩庭审 8 场，开展庭审监督 15 次。经与法院协商，下一步，该院还将把系统延伸到全部审判法庭，为更好地开展刑事、民事以及行政审判活动监督打下基础。

三是强化对办案信息的流转运用。围绕落实“检察工作一体化”原则，“全高清系统”设定了音视频资料、证据材料等电子卷宗信息在全院范围内的授权查阅、实时共享等功能，提高业务部门之间相互协作的便捷度和掌握信息的准确度，克服传统形式下部门之间信息不畅、协作不力的缺陷，增强了内部协作合力。例如，根据侦查部门的提请，公诉和侦监部门的办案人员可以在自己的办公电脑中登录系统观看实时讯问过程和笔录录入情况，同步开展引导侦查活动，极大地提高了审讯活动的质效；控申部门在接访过程中，既可以通过系统通知相关责任部门远程同步参与接访，也可以事后将接访音视频和笔录信息流转到相关部门，提高了各部门对信访问题的参与度和联合处置能力。

四是强化对司法行为的有效监管。积极探索司法办案中精细化、过程化、场景化监管理念的应用，努力通过技术手段克服单纯依靠人防、物防等传统监管方式的局限。依托“全高清系统”采集的可视化信息构建案件数字监管平台，检务督察、案管等部门根据各自分工和需要，通过该系统可以对司法办案活动开展线上、线下同步或事后监督，并通过直观、可视画面对司法行为的规范性进行评价。2016年以来，该院依托系统从司法作风、司法行为、司法程序、司法文书4个方面开展规范司法季度评查工作，对发现的问题在全院进行通报、督促整改，倒逼干警从办案中的一言一行做起，严格规范自身司法行为。此外，针对干警对司法办案规范掌握不全面、理解不透彻，日常司法活动单纯依靠“传帮带”的习惯，该院还组织干警自主编撰了《规范化司法电子工作手册》，作为干警日常办案工作的重要参考和指引，对干警增强规范意识和提升司法能力起到了积极的促进作用。

二、依托数据大应用，提升司法管理新质效

认真思考司法体制改革对大体量队伍管理提出的新要求，利用手机等通讯工具，积极研发了移动检务通、绩效考核评价等司法管理平台，实现了司法管理由过去的“面对面”到“点对点”的转变，有效克服传统管理形式下存在的时空局限和方法手段的陈旧性，促进了司法管理的规范化、精细化。

一是在线开展内务管理。通过技术手段加大对干警日常行为的管理力度，请销假、出差、用印、加班、上下班和会议考勤，以及预约用车、报销、调档、设备维修等一律通过检务通进行。干警提交申请、领导审批后，由系统发送短信通知对方，方便快捷。相关综合服务完成后，干警进行在线评价，促进提高综合部门服务和保障业务工作的意识和水平。所有管理数据全部保存在服务器上，留有痕迹，既可以通过手机客户端查看，也可以后台导出打印存档，促进了内务管理活动的规范高效、公开透明。

二是随“机”开展教育培训。依托手机检务通创设教育培训新载体，加强业务素能培训，定期把最新政策要求、法律法规、司法解释同步上传学习专栏，为干警利用闲暇等“碎片化”时间开展业务学习开辟渠道。对每一期学习情况均要求干警进行在线测试并记入学习档案，积分排名情况在专栏公布，推动形成比学赶超的氛围。定期组织检委会委员、业务部门干警对有关案件审讯、庭审录像进行评议，为干警相互学习、相互提高搭建平台。专栏设立两年来，已上传学习资料70余篇，干警学习1万余人次，累计积分3万余分，组织专案评议15场次，为帮助干警提升履职能力发挥了积极的作用。

三是自主开展绩效考核。突出加强对干警日常工作的考核评价，研发绩效自主评价与考核系统，安装于干警随身携带的手机或者平板电脑上。考核系统根据不同部门的工作内容、性质、特点，合理设定考核指标体系，对业务部门干警的办案数量、质量、效果和瑕疵问题，综合部门干警的服务保障水平、效率和态度等进行考核计分，作为年度考核

评价的重要依据，增加平时考核占年度考核的比重，并准备与晋级、考核、奖惩相挂钩。院领导还可以通过系统查阅干警办理案件的数量、进度和法律文书等情况，便于加强工作统筹和监督管理。目前，该院 158 名在编干警全部通过系统录入工作绩效、开展自主考核。

四是实时开展作风监督。围绕加强纪律作风常态化建设，通过手机检务通上传学习廉洁从检各项纪律规定 10 余项，通报违法违纪典型案例 8 批次，在节假日期间发送廉政格言警句和提示短信 3000 余条，引导干警正确行使权力，“管好心中的老虎”。在值班室、车库、办公办案场所安装高清摄像头 36 处，为全部警车安排 GPS 定位仪，通过无线网连接至主管领导和检务督察员检务通，为随时随地在线开展检务督察提供平台，有效拓宽了检务督察视角。纪律作风情况保持较好水平，干警连续两年零违纪、零举报、零投诉，拒礼拒贿和拒绝吃请 20 余次。

三、融入“互联网 +”潮流，拓宽检务公开新维度

主动呼应社会对司法公开的新要求，积极发挥互联网信息传播快、受众广、交互性强的优势特点，探索“互联网 +”的工作和思维模式，运用手机、计算机、电子触摸屏三大终端，加强“网上检察为民服务中心”、“两微一端”、“电子检察工作站”、“手机报”等检务公开载体建设，着力打造了检务公开、为民服务、法治宣教、社会监督、案源拓展五大功能版块，形成了内容全覆盖、方式全媒体、服务全天候的检务公开新格局，取得了较好的实效。

一是增强了信息公开的有效性。利用融合互通的各类检务公开新载体，对案件程序

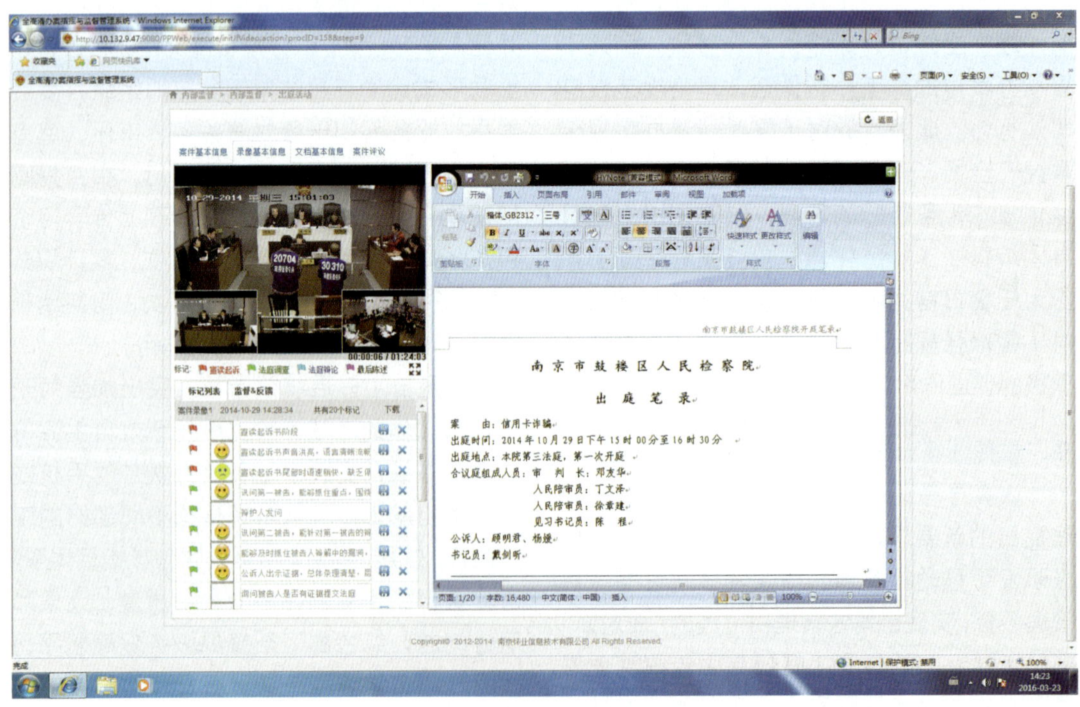

>> 图 3：全高清出庭

>> 图 4：全高清出庭

性信息、重大案件、工作信息、出庭公告、检察长分工及接待日等情况第一时间进行全面公开，为方便群众了解、参与和监督检察工作畅通渠道。2014 年 6 月份以来，该院通过上述平台共发布案件程序性信息 2000 余条、公开法律文书 700 余份、重大案件信息 50 余条、工作动态信息 200 余条、出庭公诉公告 1100 余条、检察长接待日安排 80 余次，发送检察手机（季）报 8 期 8600 余人次。此外，还通过新媒体平台发布信息，组织开展了检察开放月（日）等活动 32 场，邀请 1000 余名社会人士来院交流，破除检察机关的神秘感，基层群众纷纷“点赞”。

二是增强了为民服务的主动性。针对不同行业、群体的司法需求，发挥科技手段信息直达、形式多样的优势，在全省率先建立网上检察为民服务中心，设立了案件查询、公诉公告、律师接待预约、检察长预约接访、检察长信箱、网上举报、以案说法等栏目，并同步共享到设置在社区、企业、科技园区等场所的电子检察工作站，努力为人民群众提供便捷高效的检察服务。2014 年以来，先后为当事人和律师提供案件信息查询 1000 余次，为律师刻录电子卷宗光盘 700 余份，为社区群众答复法律咨询、化解矛盾纠纷 200 余起，赴企业、社区开展讲座、法律咨询等活动 100 场，办理检察长预约接访 17 次 68 人，为群众参与诉讼、获取检察工作信息提供了优质的服务。

三是增强了检民交流的互动性。积极推进检察机关与人民群众的双向互动，健全民意收集、转化机制，在各类检务公开电子媒介上均设置了意见征集和反馈、满意度测评等栏目，面向社会群众广泛征集对检察改革、司法办案、工作动态、案件信息、特色工作的意见建议，变单向公开为双向互动，为检民互动提供直观便捷的沟通渠道。两年来共收集群众对检察工作的意见建议 100 余条，并对上述意见全部进行了在线答复。2015 年上半年在规范司法专项整治过程中，专题面向律师网上征询意见，并结合征询的意见建议推动出台了律师接待及阅卷工作制度，受到律师界的一致好评。

四是增强了接受监督的针对性。为了进一步加强人大代表、政协委员在闭会期间对检察工作的常态监督，在门户网站上专门设置了代表委员联络平台，设立检察信息查询、菜单式活动计划、你问我答法律咨询、监督意见及反馈等栏目，为代表委员获取检察信息、了解活动安排、提交监督意见搭建网络平台。两年来向880余名代表委员送达联络平台专用用户名和密码，通过发送人大报告、工作通报等形式收集意见建议70条，并根据意见建议先后邀请代表委员前来专题视察、通报座谈和观摩庭审25次，得到了代表委员的肯定和好评。▲

附件：智慧检察系统功能介绍

2013年以来，南京市鼓楼区检察院把科技强检定位于事关检察事业长远发展的基础工程，紧紧抓住信息化建设这个关键点和制高点，坚持以提升质效为目标，以解决问题为导向，以加强研发为基础，以强化应用为核心，以安全保密为保障，自主研发了以全高清办案指挥与监督管理系统为主体，以规范化司法电子手册、网上检察为民服务中心、电子检察工作站和移动检务通为补充的“一体四翼”式智慧检察系统，推动信息化建设与司法办案、规范司法、为民服务、检务管理等工作的深度融合，对推动检察工作科学健康发展起到了积极的作用，受到了各级领导的充分肯定。

一、全高清办案指挥与监督管理系统

鼓楼区院紧紧抓住提升指挥决策能力与监督管理能力这两个关键，研发了全高清办案指挥与监督管理系统。系统依托检察专线网络，通过技术手段将办公办案场所形成统一工作平台，实现了司法办案活动全覆盖的视频采集、全要素的数据集成共享，使全部办案活动都置于镜头之下，使得法律程序以“看得见的形式”展现出来。主要分为数字接访、数字警务、数字出庭、数字审讯、数字监管5个子系统。

（一）数字接访

针对接访过程中存在的诉求记载不准确、不全面，领导和相关部门掌握信访信息滞后，信访答复、处理效率不高、专业性不强等问题而研发，服务于信访接待和处理。

系统对接访过程实行全程同步录音录像，接待笔录、当事人提交材料一并上传，相关信息在控申接待与院领导、业务部门之间流转、共享。院领导可以实时掌握、指挥接访活动；业务部门既可以远程同步指导接访、答复，也可以事后调取查阅，充分掌握信访诉求，有针对性地开展准备工作。系统还可以生成接访总量、接访类型等信息并加以比对，为领导全面掌握情况提供参考。同时，系统配备有“监督意见”，供案管、纪检监察部门提出监督意见时使用；“接访攻略”，供干警参考。

系统启用以来，提高了信访工作内部协作的紧密性，推动形成了一体式的信访案件处理格局，有效提高了信访处理效率和准确率。

（二）数字警务

针对办案区监督管理中存在的涉及部门、人员多，衔接不畅通、监督不到位、责任难落实等问题而研发，服务于办案区的使用管理。

侦查部门使用办案区前，必须先行提交部门负责人审核、分管检察长批准后，通过系统通知警务部门启用办案区。警务部门接到通知并审查后，指派司法警察执行勤务，并对涉案人员进入办案区情况办理进入登记和拍照、检查体检，开启办案时限倒计时功能，并对即将达到法定时限的案件及时预警处理，对超过时限的案件不予使用；办案部门使用过程中司法警察还将通过办案区全面覆盖无死角的视频监控系统开展看管监督、发现情况及时处置；涉案人员离开办案区时，办理离开登记，关闭办案区。办案区使用管理过程中形成的全部音视频、文书、资料以可视化形式保存在院数据中心，纪检监察等部门根据需要回放、监督，也可以通过实时观看的形式开展监督。数字警务系统也配有监督意见、勤务攻略栏目。

系统启用以来，有力地促进了办案区使用管理的规范化，规范了自侦办案行为。该院办案区被评为全省示范办案区，工作经验在全省司法警察工作会议交流，市院在该院召开现场会进行推广。

（三）数字出庭

针对该院新罪名案件、疑难复杂案件较多，公诉部门年轻干警多、办案经验不够丰富的问题研发，服务于庭审活动的指挥、指导和监督。

院领导和业务骨干登录系统，可以随时观看庭审现场情况，对出庭公诉活动进行指挥、指导和支持。侦查人员也可以运用掌握、熟悉案情的优势为公诉人提供帮助。公诉人在庭审中登录界面，可以查阅出庭预案、电子卷宗、出庭攻略、法律法规等资料，帮助更好地履行职责。同时，公诉人通过系统也可以观看到自身情况，使其更加注重公诉礼仪和仪表，擦亮检察机关的“窗口”。庭审视频和案卷材料形成音视频资料，汇入院数据中心，供案件研讨、事后监督，后台观摩、学习评议使用。系统自动对出庭总量和个人出庭量等相关数据进行汇总分析，帮助领导掌握情况。

系统启用以来，已经对多起疑难复杂案件的出庭情况进行了远程指导，有效提升了出庭指控质量；并通过系统组织开展了观摩庭、庭审评议等活动，帮助提高了公诉人的职业素能。

（四）数字审讯

研发数字审讯系统有两个考虑，一是在自侦干警讯问过程中，领导难以直接参与和实时掌控，案件决策所依据信息的全面性、及时性不强；二是干警每天去看守所进行提审、告知、送达等工作，耗时耗力。

数字审讯系统分两个部分。一是本地审讯。主要服务于自侦部门干警在办案区讯问室或者看守所特审室与讯问对象“面对面”的讯问。院领导可以通过系统观看实时讯问视频和笔录，进行指挥监督，刑检部门也可以通过这种方式引导侦查活动。此外，本系统还设置有色辨识功能，对于有罪供述、无罪辩解等不同性质的证据和关键环节，可以标识为不同颜色，便于高效查找使用；采用高清视频系统，可以捕捉讯问对象微表情，利于指挥工作精确开展。二是远程提审。主要服务于刑检部门干警在本院讯问室远程讯问羁押在看守所的犯罪嫌疑人、被告人时使用。院领导也可以通过系统进行实时指挥监督。无论是本地审讯还是远程提审，所形成的笔录、音视频资料全部汇总到院数据中心，供案件监督评价等使用。本系统同样配有监督意见栏，以及区别不同诉讼阶段、不同罪名的审讯攻略供办案人员参考。

系统启用以来，大大增强了院领导对自侦活动的掌控力和决策指挥力，办案质量得到较大提升，同时也提高了刑检引导侦查活动的准确性；刑检办案期限进一步缩短，效率进一步提高，受到一线干警的好评和欢迎。

（五）数字监管

数字监管系统依托于前述4个系统，是专为案管和纪检监察部门开展内部监督管理增添的平台和系统，主要目的在于克服传统的书面、静态式的案件监管模式，难以发现案卷、文书、笔录背后的办案现场、办案过程中存在的深层次、细节性问题的不足。

数字监管系统串联起接访、审讯、出庭、搜查、警务、监所谈话、律师接待等7个办案现场。案管、纪检监察部门通过后台登录系统后，根据不同层级的授权，采取实时观看办案监控资料，或者回放录像资料等方式开展案件质量评查、涉案财物管理，发现办案过程中存在的问题，提出监管意见、填写评价表格，督促承办人改正。为帮助监管人员准确监督，系统配有攻略性质的监督规范供查询参考。系统自动生成监管数据导出备查，作为检察业务决策和干警绩效考核的重要参考。

系统启用以来，强化了案件监管的场景性、过程性和痕迹性，一些现场办案活动中存在的不规范问题得到了及时纠正，规范司法水平大幅提升。

二、司法规范化电子手册

针对日常司法活动中“师傅带徒弟”的局限，干警对司法办案规范掌握不全面、理解不透彻等问题，组织研发了司法规范化电子手册。

手册安装于平板电脑上，携带、查询方便快捷，干警乐于接受、使用。主要包括各部门司法办案规范、动态更新的法律法规库、办案绩效自主评价和考核系统等功能。办案规范包括办案流程图、工作职责、权限清单总表、期限总表、规范要求、法律文书等要素，对不同层级、不同部门和岗位的权限职责、重要程序的节点控制以及每个节点规范要求、文书制式样本等一目了然、清晰可见；法律法规库，为干警方便快捷地查询所需要的法律法规、司法规范和办案参考资料，也便于利用碎片化时间开展业务学习。办案绩效自主评价和考核系统，根据不同部门的工作内容、性质、特点，设定考核指标体系，对干警的办案数量、质量、效率、效果和瑕疵问题进行考核计分，作为评价干警司法办案能力的重要依据，并与晋级、考核、奖惩相挂钩，增强规范司法要求的刚性约束。

电子手册是该院在规范司法行为专项整治工作中推出的一项重要举措，确保干警处处想着规范、时时有据可循，考核评价功能也极大地增强了规范司法行为要求的刚性约束。

三、网上检察为民服务中心电子检察工作站

网上检察为民服务中心与电子检察工作站一样，都是检民联络、为民服务、法治宣传的现代传媒工具。

该院干警在工作中发现，检民联络、为民服务的手段大部分情况下还停留在“面对面”上，对现代网络技术的应用力度不大，常常需要当事人及其代理人往返于家庭、单位与检察机关之间，耗时耗力。受人力、财力的限制，派驻检察工作也难以达到全面、全时覆盖的目标。为增强检民联络的信息化

水平，研发了两大检民联络系统。

网上检察为民服务中心以检察门户网站为平台，统筹兼顾深化检务公开、为民服务职责，突出检察工作专业化服务的网站功能板块。为民服务中心包括案件查询，为当事人凭专属查询密码、查询案件程序性信息提供端口；律师互动，方便律师提交来院预约、提出诉讼申请、反映情况，和检察机关决定的信息反馈；行贿档案查询，为相关企业、个人来院查询行贿档案提供预约，提高查询效率；文书公开，用于终结性法律文书公开；重大发布，发布检察工作主要情况和群众关注度高、涉及民生民利的案件。代表委员联络平台，方便代表委员在闭会期间随时获取信息和监督检察工作。

电子检察工作站是该院社群工作机制创新的重要载体，是派驻街道社区、科技园区、检企共建单位等地方的电子检务平台，是检察机关开展法治宣传的阵地、工作交流的平台和意见收集的窗口。设有检务公开，公开终结性法律文书、重大案件信息等；检察服务，提供案件信息查询、律师互动、检察长接待预约、检察长信箱和网上举报等；特色工作，反映该院预防职务犯罪人民防线、知识产权保护、“青雁”青少年维权、社群工作等特色亮点，点击可打开相应子网页；法制宣传，围绕落实“谁执法谁普法”责任制，根据不同派驻单位的特点和需求，量身定做了常见法律知识、知识产权保护知识、预防职务犯罪知识、金融法律和金融犯罪知识宣传等内容并定期更新，具有较强的针对性和类型化特征，为群众提供更加便捷的获取法治资源的途径；本地工作，供派驻单位上传本单位的通知、信息，调动派驻单位使用维护的积极性；监督评价，更加全面、准确地接受基层群众对检察工作的意见、建议，作为改进工作的方向。

网上检察为民服务中心借助互联网，电子检察工作站采用高清电子大屏显示，能够实现群众的自主操作、人机互动，提交信息直达检察机关管理终端，群众易于接受使用，深受基层群众欢迎，并受到来院视察的高检院柯汉民副检察长的高度肯定，并要求总结推广。

四、移动检务通

移动检务通是针对该院队伍体量大、两地办公，干警办案任务重、经常性外出办案，难以通过经常性召开全院会议等形式来开展集中学习教育，以及干警外出期间提交派车、请销假等预约申请的困难等问题研发的，主要服务于检务管理活动的系统。

移动检务通安装于专用移动终端上，利用 VPDN 专线网、手机号、手机串号、登录密码等多种手段进行保密管理，且不上传密级文件，安全实用。包括通知新闻，供干警获取本院的通知、每周工作安排，和经过精心筛选的时事新闻、地方新闻、检察动态，为干警查询内务信息、开阔工作思路视野提供服务；综合管理，分别包含请销假申请、出差申请、用印申请、加班申请，用车、报销、调档、报修等事务预约，以及对该院停车场和值班室的远程在线实时监控系统；教育培训，分别包括业务学习、思想政治、廉政教育、综合培训等在线学习、在线测试的内容。同时，根据不同部门需求，设为必修与选修，并结合干警情况进行学习积分统计，定期导出记入干警学习档案，作为干警考核的内容；辅助办案，包括远程证据传输方便外出办案期间传回相关证据材料，案件监督管理供领导根据授权查询案件承办人及办案量等工作信息，以及警务活动、技术办案预约，办案期限提醒，法律法规查询等功能；信息查询，供查询院内外通讯录、值班安排、工资情况等信息；意见征集，包括拟上网公开法律文书的预审核及意见反馈，对本院拟发布的文件、制度和重点工作，面向干警公开征求意见等。

软件启用以来，使得内部行政事务管理、教育培训等工作可以随时随地随“机”开展，干警对全院性事务也可以随“机”参与，既强化了检务管理，又增强了干警对检察工作的参与度、主人翁意识和集体归属感。▲

电子检务工作在实施中需要解决的几个问题

文 | 安徽省六安市人民检察院　汪志

2015年11月19日，全国检察机关电子检务工程工作会议在北京召开，曹建明检察长在会上提出："检察信息化是一场全面而深刻的革命，事关检察工作全局，事关检察事业长远发展。"并强调"电子检务，是全国检察机关积极适应以大数据推动经济社会发展、完善社会治理的大趋势，更加重视云计算、大数据、移动互联网等现代信息技术在检察工作中的运用，全面推进信息化与检察工作深度融合的重大举措"。由此可见，推进电子检务工程建设势在必行。目前我市检察机关电子检务发展现状不容乐观，为适应电子检务形势需要，加快电子检务工程建设，现对我市检察机关电子检务工作中存在的需要解决的几个问题，提出粗浅想法。

一、电子检务工作中存在的几个误区

1.认识上的误区：一是把电子检务与办公自动化混为一谈，认为电子检务就是在网上办公，是用计算机办公替代传统的笔墨纸砚办公；二是把电子检务与电子检务公开混为一谈，认为电子检务就是在网上公开检务。这两种认识误区的共同点，一是极大地缩小了电子检务概念的外延和内涵，降低了电子检务工作建设和发展的战略意义和终极目的；二是一些干警的"狭隘心理和狭隘认识"，认为"只要懂法、会写字就可以胜任检察工作；所谓信息化就是会用电脑打字、写文章、上网，不会这些照样干好工作"。

2.建设上的误区：一是缺乏建设前的通盘考虑。缺乏将电子检务建设和基础建设纳入同等重要的位置，使电子检务建设明显滞后于基础建设，往往是在基础建设完毕后再进行电子检务建设，造成诸如信息点不足、网络布线不合要求等现象，从一种意义上讲是节约了资金，但同时也会造成建设上的重复。二是缺乏建设中的统一标准。2000年以来，最高人民检察院就检察机关建设提出了“三位一体”的要求，即建立和完善业务建设、队伍建设和信息化建设“三位一体”的检察工作长效管理机制，强调用现代信息技术手段管理检察业务和检察队伍，以推动各项检察工作取得新的进步。但由于当时缺乏相应统一的标准，也由于各级院对“三位一体”长效机制没有统一的认识和理解，一些单位对“三位一体”的理解不同，特别是“三位一体”突出强调了信息化建设的内容，使得一些单位盲目地添设备、搞软件，并纷纷宣称自己建立了“三位一体”长效管理机制，一些院重复采购、开发软件，造成资金浪费现象。

3. 应用上的误区：一是“抵触”心理。部分干警习惯了传统的手工信息处理方式，不愿意花功夫学习新的工作技能，需要强调的是，这种心理不只表现在年龄偏大的同志身上，部分年轻同志也存在抵触情绪和畏难心理。二是“时髦”心理。把电子检务建设看成是赶“时髦”、摆架子、造亮点，只顾大笔投入资金买回信息化设备，而对于建成后如何发挥作用缺乏深入、全面的研究，导致零打碎敲、效率低下。三是“顾此失彼”现象，缺乏将电子检务中统一业务应用系统、网上办公（OA）系统以及信息发布等内涵同步展开应用的思路和实际操作能力。

二、电子检务工作中存在的两个难点

电子检务工作中存在诸多的困难，其中最为突出的当属人才。信息化建设是一项高投入的现代化基础建设，必须以足够的经费为保障。以往，部分检察院限于经费等问题，没有充足的资金用于信息化建设，相对资金的不足而言，电子检务工作中人才的匮乏则更为突出，电子检务工作对人员的综合素质提出了较高要求。特别是基层检察院信息技术人才严重短缺，已经成为制约信息化发展的突出问题。一方面，信息技术专业人才极少。这就严重影响了信息化建设的发展，面对信息技术出现的各种新情况和新问题，常常显得束手无策，已购买的先进的信息化设备不能得到充分的利用、功能得不到充分发挥。另一方面，由于受人员和编制的限制，计算机方面专业技术人员较少。六安市五县两区和市院专门从事信息化的人员每个院只有一人，还有一部分干警年龄老化，对信息技术的主动接受能力较差，其中很多人至今连电脑也不会用，更不可能熟练使用网络技术。

三、电子检务工作中存在问题的对策措施

检察机关自2000年以来，强力推进科技强检就是要加快信息化建设步伐，把全国信息网络系统的建设作为科技强检的首要任务。我市两级院早在2005前已经全部完成二级网、三级网建设，2006年已全部建成视频会议系统，2010年全部升级为全高清视频会议系统。在高检院、省院的统一部署下，全市已完成联网侦查指挥中心、涉密网络分级保护建设、门户网站、两微一端、电子卷宗、案件公开系统、涉案款物保管系统建设和应用；全国统一业务应用系统、网上办公、检务保障、人事管理系统等一批应用系统为办公、办案提供了高效便捷的服务。随着科技强检方针的不断深入贯彻，信息技术已经应用到检察工作的方方面面。可以这么说，检察机关电子检务工作是方兴未艾，是起步阶段，处于不断完善、不断发展的重要关头。

目前，高检院、省院已确定电子检务工作从基础建设阶段向完善和应用阶段转变的

总体思路。因此，如何解决电子检务工作中存在的问题也就成了当务之急。

1.进一步提高认识，准确把握电子检务工作历史定位。信息技术革命是继农业革命、工业革命之后的第三次革命，是当今世界不可阻挡的历史浪潮。作为电子政务不可或缺的组成部分的电子检务工作，充分利用现代信息技术，努力提高检察机关办公、办案效率和质量，已成为检察事业与时俱进、融入社会发展的必然趋势，也是实现科技强检、更好地履行检察职能的有力保证。因此，检察干警，尤其是领导干部，要充分认识信息化建设不是可搞可不搞，而是影响到检察事业发展、必须下决心搞好的重大问题，要把这项工作摆到重要日程，高起点规划和决策，制定切实可行的发展规划，不等不靠，千方百计解决其中的困难，把信息化建设工作纳入有序发展的轨道。

2.进一步厘清思路，准确把握电子检务工作的全部内涵。“检察机关作为国家的法律监督机关，开展科技强检工作，加强信息化建设，运用高科技服务检察工作，实现办公自动化、办案现代化，更有力地打击犯罪活动，维护司法的公正和统一，已是势在必行、刻不容缓。所谓办公自动化、办案现代化，就是以信息网络技术为基础，以电子检务为形式，以公正执法和科技强检为目标，不断改革完善检察决策机制和工作机制，全面加强法律监督的现代检察工作模式。即通过网上工作平台来处理大量的检察业务、检察政务、检察事务，全方位地履行检察机关的各项职能。”因此，电子检务的内涵包括“司法办案、检察办公、队伍管理、检察决策支持、检察公开和服务等六大平台”，目前，我们在计算机局域网中安装的检察机关统一业务应用系统、信息发布系统、检务保障系统等，均是以上六大平台部分内涵的具体体现。

3.进一步统一标准，不断完善电子检务工作顶层设计。从某种意义上讲，这是检察机关高层应该更多考虑的问题。信息化建设的目的在于应用，一个院电子检务建设的目的不仅仅是满足于内部办公、办案的需要，更要严格遵守“四个统一”，即统一规划、统一标准、统一设计和统一实施。因此，统一规划、统一标准、规范管理是解决电子检务中应用问题的关键，是顺利实现检察机关从传统管理观念向现代化管理观念转变的唯一途径。也只有统一标准，不断完善电子检务工作各个环节的构成，在建设和应用中按照上级检察机关的要求去做，才会顺利实现上下级之间、兄弟院之间的互联互通。提高行政效率，降低行政成本，改进政府管理和方便人民群众是电子政务的目标。

4.进一步明确目标，切实强化电子检务工作的责任。目前我院在检察业务、办公、队伍管理和检务保障四个方面的信息化应用工作全面展开，检察工作中信息化管理水平不断提升，检察人员运用信息技术的能力显著提高，初步构建适应“三位一体”机制的信息化平台。因此，进一步加强领导，健全电子检务的机构就显得十分重要。要把年富力强，热心电子检务工作，懂技术的年轻干部充实到信息化领导小组当中，成立相关组织，专司电子检务的建设、管理和应用推广工作，唯有如此，才能在较短时间内完成我们既定的目标。

5.进一步提高能力，推进电子检务工作全面发展。一是根据实际需要，积极引进具有计算机及网络知识的专业人才，切实为他们搭建利于发展才能的工作平台，使其能够做好电子检务设备的管理、维护工作，同时发挥其指导作用和引导能力，使系统能够更好地发挥作用。二是加强对队伍的培训工作，提高干警电子检务的理论水平和实际应用能力。可以采取分层次学、分部门学等方法，在应用上，还可以先选择个别主要业务部门率先运用，以点带面、全面开花的步骤。待大部分干警熟悉和掌握了计算机操作知识和电子检务流程后，再全面予以推广并强制使用，从而推动电子检务工作的全面发展，真正使信息化建设和应用落到实处。

总的来说，实施好电子检务工程，要坚持把统一业务应用系统作为电子检务工程实施重点，明确要建设的“六大平台”任务，把握好“四个关系”、建立起“四个体系”。具体实施过程中要坚持“四个统一”的原则，遵循信息化工作的基本规律，建用并举，以应用促发展。积极推进“互联网＋检察”工作模式，以把电子检务工程工作建成“便捷、智慧、高效检务工程”为目标，高质高效推进工程实施。▲

服务检务 立足实际 切实推进电子检务工程

文 | 海南省万宁市人民检察院 王皓

2015年11月19日，高检院召开了全国检察机关电子检务工程工作会议。在会上，曹建明检察长总结了电子检务工程建设的成果，并就进一步加强检察信息化工作、加快电子检务工程建设提出了四个方面的意见。在信息化高速发展的今天，检察工作信息化程度决定了检察工作的前景和未来，信息化建设，不仅仅只是适应社会发展的需要，更重要的是切实提高了检察工作效率，提高了法律监督工作的成效，为检察工作长远发展和进步奠定坚实的基础。在讲话中，曹建明检察长对于检察信息化工作的重视让我们基层信息化人员深受鼓舞。通过学习讲话，我主要有以下心得：

一、树立信息化服务检务意识

曹建明检察长指出，党中央对信息化建设高度重视。党的十八大和十八届三中、四中、五中全会，都对加强网络安全和信息化、建设网络强国等作出重大部署。习近平总书记多次作出重要指示，强调信息化是事关国家安全和国家发展、事关广大人民群众工作生活的重大战略问题。在检察工作中，信息化技术可提前帮助检察机关发现犯罪线索，精确掌握犯罪证据，为前期的犯罪预防工作与后期的惩治犯罪工作提供有力保障。在行政工作中，信息化可以提升检察工作的效率与质量，推动检察工作的现代化与规范化水平。因此，必须主动适应现在电子检务的要求，转变观念，统一思想，提高认识。在进入检察系统之前，本人曾经在管理软件公司工作过一年多，有幸参与过几个公司信息化的建设，在这个过程中，最困难的不是系统的建设，而是如何能够让公司的人员真正地主动去学习，使用新的信息系统。促进检察信息化的广泛应用，让广大基层检察工作人员切身感受到电子检务应用带来的甜头，由“让我用”变成“我要用”，让检察人员主动使用信息管理系统，是真正推动电子检务工程建设的关键。如果检察人员日常工作中就养成了在系统中录入、查询、对比、应用信息的习惯，享受到系统给工作带来效率上的提高，那么检察工作就成了电子检务建设的驱动力，在此基础上，检察工作就会主动推进信息化建设。

二、立足实际，切实推进电子检务工程建设

作为检察信息化建设最底层的拼图，我们基层检察信息化人员对于电子检务工程建设有着切身的体会。由于各地区发展的实际情况并不一致，在高检院统一规划建设内容的指导下，遵循“四统一”原则推进电子检务工程。根据实际需要，积极引进具有信息技术知识的专业人才，搭建利于发展才能的工作平台，使其能够做好电子检务设备的管理、维护工作，同时发挥其指导作用和引导能力，使系统能够更好地发挥作用。加强对队伍的培训工作，提高干警电子检务的理论水平和实际应用能力。可以采取分层次学、分部门学等方法，在应用上，还可以先选择个别主要业务部门率先运用，以点带面、全面开花。着重于电子检务的应用，在应用的基础上寻求创新，同时积累系统运行经验并积极与其他院分享交流，相互促进与发展。

三、依托统一业务系统，完善司法办案平台

统一业务应用系统用数字技术把修改后的刑事诉讼法、民事诉讼法和刑事诉讼规则、执法工作基本规范等固化下来，对检察机关每个办案环节设置明确的流程指引和预警功能，对办案流程进行统一的规范化设计，便于强化监督制约。全面推行统一业务应用系统，是深入推进检察信息化建设、进一步提升检察工作现代化水平的重大举措。统一业务应用系统实施以来，在整体上推进了检察机关执法规范化、标准化建设。而推进的过程中也会遇到一些问题。如部分检察工作人员对统一业务系统的重要性认识不到位、统一业务系统填录不规范等问题。这些问题都是信息化建设中的宝贵经验，研究并解决在统一业务系统推进中出现的问题，避免在以后再次出现，是信息化建设完善司法办案平台必不可少的一环。

四、加快建设，勿忘安全保密

曹建明检察长指出，把握好加快进度和安全保密的关系，各级检察机关要牢固树立安全保密意识。检察机关在日常工作中涉及大量的国家秘密和检察工作秘密，严肃认真地做好保密工作，是检察机关工作的一项重要内容，也是加强检察机关自身建设，充分发挥法律监督职能的重要保证。在信息化建设过程中，会带来新的网络风险，积极改进和加强保密工作是检察机关面临的一道不容忽视的课题。严格遵守并完善保密工作的各项规章制度，增强规范性和可操作性，确保保密工作的有法可依，有章可循，有序开展。建立起一套符合实际、科学有效的计算机信息化管理体制，严格控制信息查询权限，严格上网计算机的保密技术处理，严密上网信息的保密审查，严防涉密信息在公网上存储和传输，避免检察网络与互联网的交叉使用导致泄密等，确保网络系统的高效有序运行和保密安全。

作为检察机关的一名信息化人员，我深刻地感受到自己所肩负的责任，也意识到自

己存在很多不足，在今后的工作中，我会努力学习钻研，为信息化建设添砖加瓦，为早日实现检察机关信息化贡献自己的一份力量。我相信，在我们检察工作人员共同努力下，在曹建明检察长的带领下，一定能够早日实现检察工作全面信息化的伟大目标。▲

关于学习曹建明检察长在电子检务工程工作会议上讲话的心得体会

文 | 湖北省人民检察院　　李洋

2015年11月19日最高人民检察院在北京召开了电子检务工程工作会议，曹建明检察长做了重要讲话，讲话指出，党的十八大以来，全国检察机关以十八大、十八届三中、四中、五中全会精神为指导，深入贯彻党中央关于加强网络安全和信息化、建设网络强国的重大决策部署，总结经验，分析形势，全面推进全国检察机关电子检务工程建设，进行了一场以检察信息化为主导的全面而深刻的变革，曹建明检察长强调检察信息化是一场全面而深刻的革命，事关检察工作全局，事关检察事业长远发展。曹建明检察长提出要牢固树立向信息化要检力、要战斗力的理念，明确要建设电子检务工程“六大平台”的任务，要改进“六个问题”、把握好“四个关系”、建立起“四个体系”。这标志着电子检务工程正式进入实施阶段，为今后的电子检务发展指明了方向。通过学习曹建明检察长的讲话，我有如下心得体会：

一、明确电子检务工程的重要意义

曹建明检察长指出，2012年电子检务工程被纳入“十二五”国家政务信息化工程建设规划，现已正式进入实施阶段，标志着检察信息化建设站在了更高起点上。简单一句话高度概括了电子检务工程的重要性，可是这里面包含了几代检察信息化人10余年的艰苦努力，自高检院2010年提出实施“科技强检”战略以来，虽然取得可喜的成绩，但因没有纳入国家信息化发展规划，受到诸多限制；而同时，金盾、金税、金关等十几个“金字工程”先后实施。2005年高检院开始着手申报，2006年初次申报项目建议书，2007年根据国家发展与改革委员会55号令编制需求分析报告，2010年再次申报项目建议书，2012年纳入《“十二五”国家政务信息化工程建设规划》。直到2013年8月27日，国家发展与改革委员会正式批复《电子检务工程项目建议书》，标志着检察机关信息化建设在国家电子政务大盘子里有了“户口”，从此，建设资金有了根本保障。“电子检务工程”的“从0到1”来之不易，我们更应珍惜这来之不易的机会，高度重视电子检务工程的重要性，尽可能争取当地党委、政府、发改委、财政等相关部门的支持，以检察工作需求为导向，立足当前，着眼未来，融合最新科学理念和科技成果，充分考虑技术信息工作发展趋势，预留一定的发展空间。同时充分利用现有优势基础和条件，厉行节约搞建设，注重整合技术资源，促进科技资源合理优化配置，科学规划，合理布局。

二、明确电子检务工程的发展方向

曹建明检察长强调检察机关要认真贯彻中央决策部署，积极顺应信息化快速发展和深度应用的时代潮流，牢固树立向信息化要检力、要战斗力的理念，进一步提高检察工作现代化、信息化、规范化水平。时代潮流包括当今大众创业，万众创新的大趋势，包括信息化网络已经逐渐成为了新时代的“基础设施”，互联网已经成为了继蒸汽机、电动机之后的“第三次工业革命”的主要动力之一，属于习近平总书记提出的继网络大国以后建设网络强国的发展战略，也符合李克强总理提出的“互联网+”战略，我们能否按照曹建明检察长的指示顺势而为，关系到检察事业的长远发展，经过多年的耕耘，特别是近两年来，随着“统一业务应用系统”部署成功和“案件信息公开网”全面上线，各种检察信息化系统、应用和装备如雨后春笋般应接不暇，“快速发展”确实是做到了。但是 “深度应用”还不够，比如业务部门填报案件信息，有的地方与实际流程是不同步的，这样做的后果是，信息不能准确反映现实状况，而且这种数据要是拿来分析，存在不小瑕疵，再如，电子卷宗系统即将在年底前上线，这也是加大深度应用的重要手段，有了该系统，承办人不需要对着厚厚的卷宗练习打字，可以快速摘录并复制案情、嫌疑人信息等有关数据，大大提高了办案效率。这也让我们反思，如果这个应用系统升级完善得更好，录入可以更人性化，信息处理可以更智能，如果能够运用自然语言分析系统由系统自动分析案卷，提炼关键数据呈现给办案人员，同时还能够及时发现案卷中存在的瑕疵和缺陷并及时提醒检察官，还能够与案例库中的案件数据进行匹配找到最佳参考案例，并根据案情结合法条及判例提供量刑建议等，这些都是深度应用的构想，而当系统与检察业务工作已经水乳交融、浑然一体，自然就实现了检力、战斗力的提升，也就提高了检察工作现代化、信息化、规范化水平。

三、明确电子检务工程的建设原则

曹建明检察长提出电子检务工程要以司法办案为中心，坚持边建边用、以用为主，实现从独立建设、自成体系向整合综合、资源共享转变，从注重硬件装备、粗放离散模式向注重应用系统、集约整合模式转变，从基础建设、注重业务流程电子化向注重支撑履行检察职能的全面发展阶段转变，把信息化成果更好地转化为能力的现代化。普通的工程都是以“建设”或“建成”为标准的结果导向业绩观，而对于电子检务工程，曹建明检察长的要求则是“边建边用、以用为主”，这绝对是符合互联网规律的。这描述了电子检务工程需要一直跟随人民群众的需求、根据检察人员的需求、根据检察工作的需求不断改进的状况，表达了用信息化推动检察事业发展永远“在路上”的坚定决心。在这样先进的理念指引下，曹建明检察长提出了检察信息化建设的“三个转变”：

第一个转变的目标，可以用“共享”这个词来概括。创业界有句话：“你有一个苹果，我有一个苹果，我们俩交换，还是一人一个苹果；但是，你有一个主意，我有一个主意，我们俩交换，我们就一人拥有两个主意了。”检察系统有其特殊性，特别是具体案件信息会涉及需要严格保密的内容，但这并不妨碍系统内的“共享”，在内网（检察专线网），我们依然可以学着互联网上成功的模式，让我们的各项检察资源也能统一运转、灵活调度，搭建其一定范围内的“维基知识库(Wiki)”、“威客（Witkey）”——比如异地协查案件，就可以尝试采取众包、抢单的模式，这样既能调动协查人员的积极性，又能保证材料的质量。所以，“共享”首先不是个技术问题，而是个思维问题，而互联网思维应是必不可少的。

第二个转变的目标，可以用“集约”来概括。其实，从粗放走向集约，是任何事物在一定阶段的必然规律，经济社会的发展是如此，检察信息化也是如此。举个例子，某检察院几年前花大价钱买了一整套电子取证工作台，几年后，随着计算能力已经跟不上时代主流配置，这套设备即将被淘汰，可是，这套设备前后只服务过屈指可数的几个案件。一个检察院买一套设备，使用率低，淘汰又快，真的是很浪费。现在高检院正在建设“检察机关电子证据云平台”，各个院的设备不再仅仅自己使用，而是连入“云端”，统一管理，需要进行检验和鉴定的设备和介质也无须往返移交，直接远程接入和操作，所有的电子证据也集中存储、索引归档，“电子证据云平台”将有效解决目前“高投入、低使用”的问题，真正做到投入和使用的“集约”。

第三个转变的目标，可以用“全面”概括。之前的检察信息化状况，是以“基础建设”和“业务流程电子化”为重点，这在发展初期，是正确的策略，但是，随着未来“大数据时代”的到来，检察信息化必须要全面铺开，要将信息技术深度融合到各项检察职能的履行过程中。因为，大数据是全数据，是各种维度、各种样态、动态实时的数据，仅有某一方面或几个方面的数据，不足以反映事物的全貌，自然也无法进行真正的大数据分析。要让“信息化成果转化为能力的现代化”，简单来说就是要让检察信息化系统“有用”，如果折腾了半天，人民群众也没增强“获得感”，检察人员也觉得是“多此一举”，检察工作仍然和二三十年前的状态本质上差不太多（只是把手写变成了计算机打印），那就失去了建设大数据和信息化的意义。

四、明确电子检务工程建设任务

曹建明检察长要求到2017年年底以前，电子检务工程将建成覆盖全国四级检察机关的司法办案、检察办公、队伍管理、检务保障、检察决策支持、检务公开和服务等六大平台。其中，司法办案、队伍管理、检务公开和服务三大平台是当前的重点。一是“司法办案平台”。曹建明检察长要求，这个平台要“以统一业务应用系统为基础和核心”，要“加强统一业务应用系统升级完善和功能拓展”，还要“依托统一业务应用系统与其他执法司法信息资源的对接”。可见，“统一业务应用系统”处于绝对中心的地位，一切都要以其为基础和核心。所以，当务之急，是确保统一业务应用系统的建、用、管、维“四位一体”，需要不断补充和完善系统功能，同时尽快制定相关技术标准和规范，因为这是系统开放的前提和信息安全的保障，只有这样才能将统一业务应用系统的作用充分体现。二是“检察办公平台”。检察专线网（内网）的各种办公系统还是非常完善的，而在此存在移动办公的难点，涉密网的移动端接入暂时还没有完美的解决方案，从PC到移动端，虽说是趋势，但解决好网络信息安全问题是一个很大的课题。三是“队伍管理平台”。NBA有一套系统，平时系统记录每位球员的综合信息，在赛场上可向教练推荐最合适的上场和替补人选，如果把这个系统用在推荐合适的检察官办案上，应该可以算是一个有益的尝试。而且有些检察官现在都已经在互联网的MOOC(中国大学在线学习)平台上学习了，特别是，当“90后”、“95后”这些互联网第一代“原住民”正更多地进入检察机关的时候，应当采用多元化的形式，让检察人员对知识产生兴趣，让知识唾手可得。队伍管理系统使命正在于此，让人人成才、人尽其才、才尽其用，人事相宜。四是“检务保障平台”。未来，将形成一个检察院内部资产的大数据体系。通过NFC、FRID等技术，构建一套检察办公、办案车辆、设备、辅助资源的“物联网”，现在时机已经成熟。而且，各个地方其实已经有了很多不错的尝试，包括对于固定资产的登记、对于赃款赃物的保管等，整合实现资金流、物流、信息流的“三流合一”，构建检察资产全寿命周期的管理和服务体系。五是“检察决策支持平台”。依托整个检察信息化产生的数据，打造决策支持系统，为领导和各部门的决策提供智能化的辅助，是未来检察科技信息化部门新的事权。当然，还有一种深层次的“决策”，但这种决策是关于“成本和投入”、“产出和效率”的:国家和检察机关投入了成本，效果如何？产出了什么？效率多高？只有树立检察工作的“成本”理念，才能建立起决策的公式。六是“检务公开和服务平台”。曹建明检察长非常重视检务公开，他在讲话中，进一步要求“依托电子检务工程，拓展案件信息公开系统公开的范围、种类和方式”，而且，他还要求通过完善“一站式”办事服务信息平台，“充分发挥‘两微一端’的作用，满足人民群众多样化司法需求”。湖北检察机关运用新媒体进行检务公开和检察服务已经为全国检察机关开了个好头，除了率先开通了“湖北检察”微信服务号，建立检察网阵等一系列举措，最近还成立“互联网检务办公室”，开始整合各项检察服务资源、整体推动互联网检察服务。

当然除了上述心得以外，曹建明检察长的关于统筹把握“四个关系”，建立“四个体系”的讲话也深刻准确、发人深思，为电子检务工程进行了全面布局，为我们的建设任务指明了方向、明确了责任、提出了要求、规定了纪律，综上所述，学习曹建明检察长在电子检务工程工作会议上的讲话让我受益匪浅、获益良多，在电子检务工程实施的关键时期，我们更要时刻牢记曹建明检察长的讲话并将其运用于实际的工作中去，为电子检务工程贡献更大的力量。▲

法医技术性证据审查相关问题探讨*

文 | 江苏省宿迁市人民检察院　邵家龙

法医技术性证据审查是检察机关法医协助相关业务部门履行法律监督职能，正确处理人身伤害案件、罪犯保外就医案件及强制医疗案件的重要手段。下面就检察机关开展法医技术性证据审查谈谈初浅看法。

一、检察机关开展法医技术性证据审查的历史沿革

1988年最高人民检察院颁布的《人民检察院法医工作细则（试行）》首次提出了"文证审查"这一名词，随着时间的推移，逐步得到其他司法机关和社会鉴定机构的认可，2002年7月司法部《司法鉴定文书示范文本（试行）》中也使用"文证审查"这一名称，法医文证审查在司法实践中切实解决了许多实际问题，发挥了重要的作用。但随着科学技术的日新月异发展，新的证据形式不断涌现和刑事诉讼法的修改，再用"文证审查"这一称谓显然不能适应新时代要求，于是最高人民检察院2013年新修订的《人民检察院法医工作细则》又与时俱进地再次创造性提出"技术性证据审查"这一新概念，相信其他司法机关也将赞同这一做法。就法医专业而言，法医技术性证据审查是对以往法医文证审查的继承和发展，笔者认为，目前"法医技术性证据审查"应该包括法医文证审查和法医电子视听资料审查，前者即法医文证方面的审查，后者包括电子监控致伤方式审查、医疗和法医电子存储视听资料审查（如超声、CT、MRI、CR、活体检查摄录像及尸检摄录像等可以转换为电子数据的资料审查）。总之，

---

* 本文荣获首届"科技强检"征文活动一等奖。

从“文证审查”到“技术性证据审查”这一称谓的改变，不仅适应了刑事诉讼法对证据审查的要求，而且使证据审查概念更科学、更严谨和更准确。

二、检察机关开展法医技术性证据审查的依据

最高人民检察院于2013年12月23日颁布的《人民检察院法医工作细则》第23条规定:“本细则所称的技术性证据审查，是指具备法医鉴定资格的人员，受检察机关办案部门委托或者指派，就案件中涉及的法医学证据材料进行审查、判断，并提出审查意见的专门活动。”

最高人民检察院2012年10月16日施行的《人民检察院刑事诉讼规则（试行）》第368条规定:“人民检察院对鉴定意见有疑问的，可以询问鉴定人并制作笔录附卷，也可以指派检察技术人员或者聘请有鉴定资格的人对案件中的某些专门性问题进行补充鉴定或者重新鉴定。公诉部门对审查起诉案件中涉及专门技术问题的证据材料需要进行审查的，可以送交检察技术人员或者其他具有专门知识的人员审查，审查后应当出具审查意见。”

这些都是检察机关法医进行技术性证据审查的依据和准则，另外许多地方检察机关为了具体实施最高人民检察院颁布的《人民检察院法医工作细则》还出台了许多具体工作细则，保证法医技术性证据审查准确、规范开展，这些具体工作细则也是当地检察机关法医进行技术性证据审查的依据。

三、检察机关开展法医技术性证据审查的种类

1.根据审查具体对象分为:

（1）对法医临床学鉴定书的技术性证据审查;

（2）对法医病理学鉴定书的技术性证据审查;

（3）对司法精神病鉴定书的技术性证据审查;

（4）对法医物证的技术性证据审查;

（5）对医学鉴定的技术性证据审查（如医疗事故鉴定）;

（6）对涉及致伤方式或伤情的电子数据、视听资料审查等;

（7）对涉及保外就医、强制医疗和现场勘验法医内容等其他法医资料的技术性证据审查。

2.根据审查方式分为:[1]

（1）法律审查，即案件承办人在自己工作职责范围内对收集的各种证据进行审查判断（这种审查方式不是法医专门审查）;

（2）技术审查，其中对围绕人身伤亡形成的文字材料、电子数据、视听资料等证据进行审查即是法医学技术性证据审查。

四、检察机关开展法医技术性证据审查的重点

最高人民检察院1988年1月28日颁布的《人民检察院法医工作细则（试行）》第21条规定:“文证审查重点是审查材料的科学性、可靠性、准确性。检验记载是否全面、细致;检验方法是否规范、可靠;论点是否明确、清楚，论据是否科学、充分;结论是否客观、正确，以及是否符合鉴定目的和要求。”

最高人民检察院2013年12月23日颁布的《人民检察院法医工作细则》第25条规定，“（一）检验鉴定材料是否全面完整，委托受理是否符合法定程序，鉴定人是否具有专门知识和鉴定资格，鉴定机构是否在其执业

① 参见张嘉陵:《法医学文证审查及其应用》，载《法医学进展与实践》（第一卷）1997年8月，成都科技大学出版社，第9页，作者单位是四川省成都市人民检察院。

范围内开展工作；（二）法医学检验鉴定检材、样本的收集、固定、保管等是否符合有关标准和规范，检材、样本是否充足、可靠。（三）检验鉴定的程序、方法、步骤及仪器选用是否科学规范，检验是否全面细致；（四）鉴定意见的依据是否科学客观，引用鉴定标准及条款是否恰当，是否符合委托要求，有无遗漏或需要补充鉴定；（五）审查保外就医罪犯所患疾病是否达到规定的医学条件；（六）审查勘验检查笔录中涉及法医学的内容是否客观，有无遗漏勘验检查项目和内容，与检验鉴定是否一致；（七）其他需要审查的内容”。

综合上述要求，主要审查的重点概括为：

1. 审查法医学鉴定人及鉴定机构的资格是否合法；

2. 审查鉴定程序是否合法；

3. 审查法医学鉴定所依据的材料是否充分、可靠；

4. 审查鉴定所运用的方法和技术是否科学恰当；

5. 审查鉴定人实际损伤程度与法医鉴定意见是否吻合，其损伤程度是否发生变化；

6. 审查法医学鉴定意见是否合乎逻辑；

7. 审查鉴定意见与需要证明的法律事实是否有必然联系；

8. 审查鉴定意见与案件其他证据的关联性；①

9. 审查涉及法医内容案件材料的合法性、客观性和关联性。

此外，由于检察机关的监督职能，检察机关法医的重点还包括保外就医的材料和强制医疗的材料是否符合标准等。

五、检察机关开展法医技术性证据审查的方法

（一）一般方法

1. 顺推法：依据案件材料的顺序，逐项审阅，最后到结论。

2. 反推法：首先审查结论，然后再审查其他依据和材料。

3. 对比法（对应关系）：技术性证据材料与损伤（活体或尸体）检验结果是否相符，若二者不相符时，有两种情况：（1）文证材料记录有损伤，而检验活体或尸体未见相应损伤，或损伤部位、数目和大小不一致。多见于损伤完全愈合，符合一般医疗转归（如软组织挫伤、肾挫伤治愈后），或与伪证、涂改有关。（2）机体检验有损伤，但文证材料却无记录。见于陈旧性损伤（如在疤痕邻近部位又被打伤，病历上只记录此次损伤，过一段时间伤者来鉴定，发现两处伤痕），也见于病历记录过于简单。另外根据送审材料同时应用轻重伤标准进行对比，致伤工具、致伤方式与损伤后果进行对比，文字部分和照片部分进行对比。

4. 同一认定，其目的为：（1）确定伤者的伤情与文证材料的同一性，即所属关系；（2）明确文证材料之间的一致性。

（二）特殊方法

1. 复查、复检：对受审材料中可复性部分进行复查、复检防止从简单材料得出错误审查结论。

2. 调查：法医检验与技术性证据材料不符，或根据目前检验情况难以解释技术性证据材料时，可以调查技术性证据材料出具机关或个人，必要时，查阅伤者既往病史资料（包

① 参见蒋中瑞、雷晓柳：《如何审查法医学鉴定结论》，载《法医学进展与实践》（第一卷）1997年8月，成都科技大学出版社，第12~13页，作者单位是四川省达川地区中级人民法院。

括家族史），详细了解案情。另外，缺乏关键性技术性证据资料时，应告知委托单位及时补充，或由行政机关出具补充材料证明。[①]

笔者认为，对于特殊方法应由法医协助委托单位或部门调取有关材料，然后审查，这由目前检察机关部门分工性质决定，法医不能越权。

六、检察机关法医技术性证据审查的原则

检察机关具有鉴定资质的法医在对委托或指派的技术性证据进行审查时，笔者认为应遵循一定的原则。

（一）法定原则

法医应遵守法律和检察机关的有关规定，严格按照法医行业规范对技术性证据进行审查，不能对超出自己专业和资质的技术性证据进行审查。如只有法医临床鉴定资质的鉴定人对法医病理、司法精神病证据进行审查，没有取得心理测试资格的法医对心理测试报告书审查等都是违反法定原则，出具的技术性证据审查意见书应该无效。没有取得鉴定资质的法医单独出具的技术性证据审查意见书也应该无效。

（二）独立公正原则

法医在技术性证据进行审查时，应该秉承独立公正审查原则，不受委托或指派部门和案件承办人的意见左右，不受涉及被鉴定人和犯罪嫌疑人、被告人、罪犯的案情干扰，不受上下级同行法医观点影响。

（三）全面、客观和实事求是原则

法医在技术性证据进行审查时需坚持全面审查原则，避免产生以偏概全的错误。客观对待送审的技术材料中错误记载、疏忽遗漏之处，防止在细枝末节上影响对结果的判断；正确认识案件当事人主观言词与客观现象中的矛盾，坚持以客观材料得出结论性意见为原则。实事求是地对待技术性证据审查，对明确能够认定的应作出肯定或否定的审查意见，对不能确定的应作出合理的解释，不能用模棱两可答复作为审查意见。超出自己的审查能力的，应建议送上级有关单位或部门审查，或聘请专家审查；如果客观上属无法审查的情形，也应实事求是说明。

（四）简便、高效原则

法医在技术性证据进行审查时应在最短时间内完成审查意见，这不仅是检察机关内部相互协作的需要，也是目前案多人少的实际情况的需要。法医的技术性证据审查意见要言简意赅，尽量避免冗长的说明和不必要的引用经典教课书，使得委托人在最短时间内理解和使用该意见。

七、检察机关法医技术性证据审查的性质

法医技术性证据审查是检察机关具有鉴定资质的法医受办案部门委托或指派，利用专业知识对涉及法医内容的技术性证据材料进行主观判断并得出审查意见的职务行为。对于文证审查的性质，目前业界还没有统一的观点，杨锦敖在《检察日报》撰文认为[②]：文证审查属于专家意见（说），而不是法律监督（说）也不是鉴定结论（说）。理由是文证审查不产生新的证据、不能作为定案依据，其法律监督仅是附属功能。文证审查是技术性证据审查以往的一种形式，按照文证审查的性质属于专家意见，那么检察机关法医技术性证据审查的性质也应属于专家意见，

①参见王宁敏、常林：《有关法医学文证审查》，载《实用法医学杂志》1995年6月（第2期）第39~40页。
②参见杨锦敖：《文证审查属于专家意见》，载《检察日报》2015年4月13日。

笔者赞同这种观点。第一，技术性证据审查法律监督（说）和鉴定结论（说）于法无据。检察机关虽然是法律监督机关，其监督的法律地位是宪法和法律规定，但法医技术工作无论从人民检察院组织法，还是从1988年最高人民检察院颁布的《人民检察院法医工作细则（试行）》中，均没有明确规定具有监督职能，相反，《人民检察院法医工作细则（试行）》第2条规定的是法医工作为配合各项检察业务，以保证检察机关履行法律的监督职能，2013年最高人民检察院修订的《人民检察院法医工作细则》则把这一条款删除，这间接说明检察机关法医技术性证据审查不具有直接的法律监督职能。至于鉴定结论（说），目前三大诉讼法均没有规定文证审查意见书或技术性证据审查意见书为证据，法医界、法律界和社会均不认可它是鉴定结论或意见，显然，鉴定结论（说）不符合实际。第二，技术性证据审查法律监督说与检察工作实际不相符。检察机关业务部门的各项检察活动是法律监督行为，而法医技术性证据审查是检察机关业务部门的各项检察活动过程中衍生出的、辅助的、被动而独立的纯技术行为，本身不仅不具备明确的法律监督依据，而且还不具有当然的约束力、必然的科学性和准确性。法医技术性证据审查的意见能否被采纳取决于委托业务部门的最终决定，如果作为辅助证据提供给法庭还需人民法院依法审查认定，因此法医技术性证据审查的性质属于专家意见比较符合当前的司法实践。第三，技术性证据审查法律监督说与司法分类改革精神相违背。随着检察机关分类改革的不断深入，法医等技术人员已明确不是检察官序列，如果用法律监督说就明显违背改革精神，或许还有很多法医暂时保留检察官资格，但不是保留了检察官资格就必然有监督职责，必须是从事检察业务的检察官才具有监督职责，因此，法医技术性证据审查属于专家意见也是适应时代发展和司法改革要求的需要。第四，法医技术性证据审查属于专家意见既有利于检察机关业务部门正确履行监督职责，防止责任归责主次不分，又有利于确实落实检察官办案责任终身负责制。

八、检察机关法医技术性证据审查意见书的效力

理论上一般认为技术性证据审查意见书不具有法律上证据效力，从刑事诉讼法和民事诉讼法及行政诉讼法规定的证据中均没有规定审查意见书作为证据。在以往的司法审判实践中，法院系统自己的法医文证审查意见书有作为证据使用的案例，如陈某、郑某等故意伤害案中海口市中级人民法院（2001）海中法刑终字第57号判决书采纳了海南省高级人民法院法医室出具的[2000]琼高法技（医）鉴字第082-A号法医文证审查意见书作为证据并把它称为书证。① 而对法院系统外的法医文证审查意见书，法院采纳的情况五花八门，但判决书都会做出采纳和不采纳的意见，如有的法院以出具法医文证审查意见书的鉴定人（实际是具有鉴定人身份的审查人）不出庭质证而不被采纳；也有的法院以当事人一方单方委托社会鉴定机构出具的法医文证审查意见书没有经对方同意而从程序上给予否定。直至2007年8月最高人民法院才出台了《最高人民法院技术咨询、技术审

① 载 http://img.110.com/panli/panli-45384.html。

核工作管理规定》明确审核意见书仅供法官、合议庭或审判委员会参考，不作为定案的依据，不对外公开，从而在法律层面上明确否定文证审查意见书成为证据的效力。

在检察机关中，法医文证审查意见书不是三大诉讼法规定的证据形式，因此，在诉讼中不能作为证据使用。在检察实践中，通常也认为不得作为证据使用，[①]但是，在司法实践中法院对检察机关的法医文证审查意见书或技术性证据审查意见书，对其采信某一证据有利时也会给予间接采用，如大连市人民检察院司法鉴定中心曾出具两份法医文证审查意见书作为补强证据被法庭采用。[②]李杰在《检察日报》上撰文认为技术性证据审查效力：（1）技术性证据审查结论对技术性证据能否采纳，应当在诉讼中，至少在检察机关内部具有法律效力。（2）技术性证据审查是对技术性证据按照检察机关证据审查的要求，对证据的不足部分进行的加固和补强。（3）技术性证据审查是一项法定程序，由此启动对技术性证据否决后的补充或重新鉴定。[③]因此，在实践中当缺乏鉴定意见的证据，或鉴定结论性意见证据不确实、不充分或有矛盾时，技术性证据审查意见往往成为法庭查明案件事实，认定案件性质的重要参考，对法官自由心证的影响很大，可以说法医技术性证据审查意见书的证明效力是潜在和隐形的，但又是非常重要的，甚至关系到案件的全局。如对案件鉴定意见有疑问，而伤者已出国或尸体复检案件中原法医学鉴定后尸体已火化，法医技术性证据审查作为定案唯一专业性依据（不是证据）时，技术性证据审查的证明效力尤为突出。这时技术性证据审查应由高一级职称或经验丰富的人或组成鉴定小组来承担。王昌奎、王勐视在《人民检察》上撰文认为应赋予技术性证据审查意见证据资格：第一，审判环节提供的技术性证据审查意见、交通事故责任认定书、提取笔录、抓获经过说明等证据材料，在诉讼法证据类别范畴上往往无法归类，而这些不能归类的材料在司法实践中有时是作为证据使用并可能被法院采纳。第二，肯定专家证人的地位已成为我国三大诉讼法的发展趋势。第三，审查起诉环节提供的技术性证据审查意见本质上是专家意见，不是部门意见。第四，承认审查起诉阶段审查意见书的证据资格，允许把技术性证据审查意见书作为补强证据与技术性证据一起向法庭出示，不但有助于审判人员解决在一个案件中面对多份鉴定意见不知到底该采信哪一份的问题，而且有助于进一步压缩审判人员对专业技术问题的自由裁量空间。第五，从经济效益的角度看，技术性证据审查工作需要耗费大量的人力物力，如果仅将其定位一种内部证据，实质上是对司法资源的浪费。[④]

笔者认为，法医技术性证据审查意见书的效力作为辅助的、补强证据符合目前司法实践情况，自身不能单独作为证据，如同皮与毛的关系，技术性证据为皮，技术性证据审查意见书则是毛，没有皮，毛则无所依附。要使技术性证据审查意见书完全成为一种独立的证据还有很长的路要走，一方面需要有

①参见于红卫、王立新：《法医文证审查100例分析》，载《法医学杂志》2007年6月第23卷（第3期）第217页。
②参见王家昱：《法医文证审查意见作为补强证据被法庭采用2例》，载《中国法医学杂志》2012年第27期。
③参见李杰：《检察机关技术性证据审查应相对独立》，载《检察日报》2009年2月8日。
④参见王昌奎、王勐视：《应赋予技术性证据审查意见证据资格》，重庆市第四中级人民法院，载《人民检察》2014年第24期，第64~65页。

成熟的专家队伍和规范的管理制度，另一方面需得到社会普遍认可，最终通过法律规定才能实现。目前，这些条件均不具备，如何提高法医技术性证据审查意见书在诉讼中的效果，切实发挥其独有的作用才是当务之急。

九、检察机关法医技术性证据审查的作用

检察机关法医技术性证据审查主要为业务部门实施法律监督服务，其作用体现在：

（一）有利于检察机关业务部门监督职能的发挥

技术性证据审查本质上是证据审查活动的一部分，只是因为其对象是技术性证据，审查认定的难度比较高，为了确保能够正确地审查认定，就要求经过具有专门知识的人员运用专门知识进行审查。在这个意义上说，技术性证据审查具有辅助性，也就是辅助承办案件的检察人员审查证据。但是，从另一种意义上说，技术性证据审查又是独立的，不受承办案件的检察人员的左右，而只是服从于技术性证据的产生规律，独立作出技术性证据是否具有客观真实性、科学可靠性和规范性的审查意见。开展技术性证据审查，既是确保案件质量的需要，也是检察机关内部监督制约和监督侦查、刑罚执行活动的需要。① 通过法医技术性证据审查能够做到：

1. 严审细核犯罪证据，确保批捕质量。

2. 严审细核指控证据。

3. 准确掌握保外就医条件，杜绝“以保代放”。

4. 准确掌握精神病强制医疗条件，切实维护精神病犯罪嫌疑人合法权益。

（二）有利于为检察机关业务部门办案指明调查方向，提高工作效率

法医学技术性证据审查一般只是对起作用的证据进行技术性审查，只要委托单位提供充足的资料，法医就可以对现场勘验、活体或尸体检验、调查取证等材料中的重点内容提出审查意见，指明调查方向，避免业务部门办案人员在审查全案时走弯路。对于一些以鉴定结论性意见为主要证据的案件，由于办案人员缺乏相关的知识，及时委托法医审查，能为办案人员提供很大帮助，既提高办案质量又提高工作效率。

（三）有利于为公诉人出庭公诉提供科学服务

现在庭审的要求，公诉人不仅要当庭出示证据并承担举证责任，控、辩双方的辩论将异常激烈。法医技术性证据审查解决的问题是公诉人感到棘手的法医学问题，也常常是律师辩护的焦点。一份好的法医学技术性证据审查意见，不仅能使公诉人出庭时沉着自信，辩论时也将得心应手。②

十、检察机关法医技术性证据审查发现的常见问题

笔者对我市5年来约500件涉及法医鉴定书、医学鉴定书、医疗证明等案件审查，发现主要的问题有：

（一）鉴定程序错误——鉴定时间不符合规定

如宋某故意伤害一案，原鉴定机关鉴定在损伤后即根据面部皮肤疤痕鉴定为轻伤，且长度为条款的最小值，经过技术性证据审查我们认为：该鉴定书鉴定时间过早，疤痕有进一步萎缩的倾向，不符合临床法医学鉴

①参见覃如雕：《检察技术文证审查相关问题探究》，载http://blog.gmw.cn/?18888。
②参见周峰：《论法医文证审查在检察机关办案中的作用》，载《江苏省检察系统第三届法医学术交流会论文集》第9页。

定程序，于是作出不同意该鉴定结论的意见，建议符合鉴定时间后重新鉴定。

（二）医学基本功不足——医疗资料认识错误导致医学诊断错误

如张某受害一案，张某被他人踢一脚，临床根据X线片：腰椎体3压缩1/3。由于临床医生没有认真研读X线片报告，想当然地认为椎体压缩就是骨折的错误结论，并仓促作出张某腰椎骨折的诊断，于是被害人认为自己腰伤构成轻伤，需要追究伤害人的刑事责任而到处告状，影响很大。经审查及重新核查X线片、CT片及MRI片没有发现腰椎体3骨折，而是该受害人年龄太大，60多岁，为腰椎退行变，从而避免了一次错案。

（三）论点缺乏论据——法医学鉴定中损伤形成机制不清，导致结论与其他证据矛盾

如张某受害一案，原鉴定书仅对张某的面部及颅脑损伤作了记载，最后作出张某系严重颅脑损伤死亡，但没有对致伤方式作出分析，也没有对该颅脑的特点作出分析，导致案件承办人员对张某是跌倒形成的严重颅脑损伤还是殴打形成的严重颅脑损伤无法判别，其他证据也无法印证。经技术性证据审查该鉴定书发现张某的左头面部皮肤损伤严重，对应颅骨骨折、脑挫伤及血肿形成，其他脑部没有损伤，说明该颅脑损伤符合直线加速运动引起的冲击伤特点，于是作出该严重颅脑损伤不符合仰面跌倒引起的减速运动引起的对冲伤特点，退回作补充侦查。

（四）检验不细致、不完整——导致结论缺乏过硬的理由

如李某受害一案，李某颈部受锐器伤一处，该伤深部出现血肿、颈内动、静管腔内均有血栓形成，最终因该伤侧广泛脑梗塞、脑水肿、脑疝死亡。经技术性证据审查发现该鉴定书中没有检验出颈内动、静管壁内膜损伤，也没有进一步作颈内动、静管壁及脑、肺等病理检验，就作出了锐器伤引起广泛脑梗塞、脑水肿、脑疝死亡结论，这种结论没有足够的损伤理由支持，结论下得仓促，缺乏过硬的理由，属需重新鉴定情形。

（五）保外就医疾病标准理解不统一——宽严幅度大，影响刑罚的执行和人权的保护

司法部、最高人民检察院、公安部1990年12月31日制定的《罪犯保外就医执行办法》附件《罪犯保外就医疾病伤残范围》第10条规定保外就医的条件：糖尿病合并心、脑、肾病变或严重继发感染者。这条在对罪犯保外就医的技术性证据审查中最多见，因为不论是原发性糖尿病还是继发性糖尿病，只要有心、脑、肾病变的，不论这些器官的功能什么等级，均可被取保，这就放纵了一些器官功能轻微改变的罪犯保外就医的条件。相反《罪犯保外就医疾病伤残范围》中没有许多传染病，如乙肝的条款，在现实中，由于我国乙肝的患者很多，在罪犯中也大量存在，特别是肝功能反复异常的罪犯，由于没有条件经常复查，就是检查出异常又不能及时保外就医，严重影响罪犯的人权保护，有的罪犯到监狱后仅几个月就病情恶化而死亡。

十一、当前检察机关法医技术性证据审查工作存在的问题

由于检察机关法医技术性证据审查具有被动性和辅助性特点，一方面受委托审查部门是否委托、委托数量的影响，另一方面受法医技术人员各种因素影响。目前，主要存在以下问题：

（一）法医技术性证据审查规范性制度不健全

《人民检察院刑事诉讼规则（试行）》规定必须是对鉴定有疑问的或需要的才委托

技术部门技术人员审查，这种要求没有刚性，随意性较大，一定程度上影响法医技术性证据审查工作。尽管许多地方检察机关先后出台了技术性证据审查规定和业务部门与技术部门相互协作机制，但在检察实践中，这些规定性制度还不健全，应用得也不平衡。据笔者对全国检察内网检索，在全国检察机关中对每件涉及法医技术证据的案件都要求委托或送技术部门审查的仅有南京等几个市级检察院。早在2008年南京市院就出台了《关于加强检察技术应用完善协作机制的工作意见》，该意见要求该院及其下级所有检察院，只要涉及技术性证据的案件，必须百分之百经检察内网送审。从南京市院数年运行经验上看，技术性证据审查工作已经在业务部门办案人员中形成共识——对涉及技术性证据的案件先送技术部门进行技术性审查。该院从制度上完善了技术性审查工作，收到了很好的效果，得到高检院的肯定。当然，不是所有检察院都有南京市院的软件、硬件和人才条件，条件不具备的检察机关可以完善制度，不断创造条件，尽量做到应该送审的案件得到送审，避免因没有送审而导致错案情况的发生。

（二）检察业务部门的办案人员对法医技术性证据审查认识不足，影响检察机关法医技术性证据审查工作

目前，检察业务部门案多人少，有的办案人员图省事，自己对照标准条款没有发现异常，只要案件当事人没有提出异议，就认为技术性证据没有错误，应该送审的案件也不送审，加上许多有办案经验的人员走上领导岗位，不直接办案，只听承办人汇报，要求逐渐松懈，从而影响了委托或送审工作的开展；也有的办案人员在以往的办案中委托过法医审查证据，但由于案件特殊，法医无法解决其提出的问题，形成对法医审查证据的成见，认为送不送审无所谓，不影响自己审查案件，相反送审还占用自己的办案时间，影响办案效率。还有极少数办案人员与法医沟通交流少或不善于与法医沟通案件，没有形成很好的默契配合氛围，结果也影响了法医技术性证据审查工作。

（三）检察法医的数量与素质偏弱，影响检察机关法医技术性证据审查工作

检察机关法医技术性证据审查工作是审查别人鉴定等涉及法医的证据，干的是“鸡蛋里挑骨头”的活，俗话说得好，“打铁还需自身硬”，自己没有足够的理论和实践经验是无法保证审查结果正确的。然而，目前检察机关的实际情况是法医年龄普遍偏大，没有专业职称，长期没有参加专业培训，即使参加专业培训也都是参加短期的，掌握医学或法医学新知识、新技术的能力不足，出现年龄和知识的断层；除了技术人员职务职级晋升途径艰难而狭窄外，新的工资改革甚至把原来国家规定的法医特岗补贴这项稍微令法医宽慰的政策也取消了，使得许多原来从事技术工作的法医不得不转入其他业务部门，从事法医工作的人数逐渐减少；即使在法医岗位上工作的人，由于不重视的原因，许多法医不能专心从事专业工作，而去兼职搞录音录像、网站维护、会议保障等工作，不仅造成人才严重浪费，而且造成检察机关法医与被监督机关法医之间的素质及技能差距越来越大，最终影响检察机关法律监督职能。

针对目前检察机关法医技术性证据审查存在的问题，笔者认为，首先，要领导重视，把技术性证据审查工作当作一项业务来抓；其次，充分利用科技强检的契机，提高法医等专业人员的实际待遇，吸引优秀青年法医

进入检察机关；再次，完善法医技术性证据审查制度和法医职称评定制度；最后，建立检察机关内部法医专家“师带徒”制度，切实提高检察机关整体法医技术水平。

十二、检察机关法医技术性证据审查本身应注意的几个问题

法医技术性证据审查是法医对涉及法医鉴定意见及其他证据材料是否具有客观性、科学性、关联性等主观判断过程，其审查的结果就是得出审查意见，形成审查意见书。而审查意见书具有主观属性，不可能百分之百正确，也可能出错，所以应引起足够重视。根据法医专业的实际情况，结合检察机关技术性证据审查的特点，笔者认为容易出错的主要原因有：

（一）委托材料不全而得出肯定或否定意见，容易出现审查意见错误

委托材料不全面不仅是鉴定出错原因之一，也是审查常见原因之一，相对于鉴定而言，技术性证据审查的材料完整程度更低。这是由于两者的性质决定，鉴定是在全面材料基础上综合分析得出的结论性意见，而审查按照委托要求，可能仅就某一方面作出审查意见，提供审查的证据材料没有鉴定人掌握的多，容易得出不符合客观实际的意见，所以这时法医审查人如果根据不全面的材料得出肯定或否定的审查意见就会出错。

（二）审查人专业知识水平更新不足，容易出现审查意见错误

现代医药随着科技的进步发展迅猛，新的治疗手段、新的仪器设备和新的药物应用形式不断应用于临床，一方面可以把原来无法查清的疾病和损伤程度查清，另一方面还可以把一些检查、诊断和治疗的医疗资料通过电子转换方式存储在电脑中，便于复制与查阅。检察机关法医普遍缺乏新技术的培训，对于这些新医疗技术、新法医技术得出的结论，如果法医自己一知半解，就只能盲从专家的意见。如果专家意见错误，那么根据专家意见得出的审查意见肯定错误。

（三）主观认识有偏差，容易出现审查意见错误

由于审查人的认识能力和办案经验不同，在技术性证据审查中，如果主观认识出现偏差，也会得出与实际不完全相符或错误的审查意见。这种主观认识与审查人的工作是否仔细、认真往往没有直接关系，而与审查的客观事物、鉴定标准的不确定有关。客观事物随着时间的变化而改变，如尸体的变化随时间、空间、温度及其他环境因素的影响出现不同的尸体现象，不同的审查人在不同的阶段可能得出不同的认识结果。如果不从尸体现象的阶段性本质特征上认识其变化，就可能在审查时得出错误意见。对鉴定标准的条款理解上偏差也是容易出错的另一原因，由于鉴定标准不可能做到绝对量化，不同的鉴定人对同一条款理解会产生不同的结果，如果偏离了标准的本意，就容易出现审查意见出错。

（四）审查人的工作态度出了偏差，容易出现审查错误

审查人应当对所审查案件保持中立态度，不应受外界因素的干扰，但在实践中不受影响的案件又几乎不可能避免，特别是一些反复退查或撤回起诉的案件，因为物证或其他言词证据与鉴定意见有矛盾时，容易受到委托部门或侦查机关意见、受害人陈述、被告人（犯罪嫌疑人）供述的影响，所以审查人要努力克制自己的情绪，避免视恶如仇、先入为主的态度支配自己，否则，势必为自

己错误审查意见寻找看似合理，但又无确切客观证据相佐证的理由，从而给委托单位和案件诉讼带来不利影响，甚至给被害人或被告人（犯罪嫌疑人）长期上访等风险留下隐患。所以，审查人的工作态度也会影响审查结果。

针对技术性证据审查本身不足，笔者认为只有通过努力更新专业知识、虚心向有经验的法医学习、避免不良情绪影响、对审查材料尽力要求全面和客观具体等方面，才能不断提高审查能力，减少错误审查意见的发生。此外，对于目前的科学技术水平和国内法医界通常的做法及共识还不能查清的疑难、复杂案件，属于超出单个人能力范围的案件，在审查时尽力避免节外生枝的扩大说明（如引用与案件不吻合的经典教科书论点）或生搬硬套国外不成熟的经验或方法（如没有大规模统计数据支持的动物实验结果或个别案例报道等），要么做到客观的描述和实事求是的说明给委托部门，要么移送有能力审查的上级机关审查。

十三、结束语

总之，法医技术性证据审查是保证检察机关公正司法、发挥法律监督职能的重要技术手段，在检察实践中发挥了非常重要的作用，得到各级检察院业务部门办案干警的普遍认同。随着科技强检步伐加快，法医技术性证据审查工作也将得到长足发展，相关工作研究特别是针对技术性证据审查规范性制度、作用和效力上研究也将不断深入。法医技术性证据审查最终目标是其意见书通过法医界、法律界和社会的长期不懈努力成为法定的一种证据，为司法实践活动发挥应有的作用。▲

检察机关司法会计鉴定问题分类研究 *

文 | 山东省人民检察院　　赵新安

伴随着司法会计鉴定活动的逐步开展，关于司法会计鉴定技术标准的研究被逐步提上议事日程。如何制定鉴定技术标准，围绕解决哪些“专门性问题”制定技术标准，成为大家讨论的热点。本文遵循有所为、有所不为的理念，从工作实践出发，重点讨论检察机关司法会计鉴定可以解决的涉案财务会计问题，将其抽象后归纳梳理为六大类，为司法会计鉴定技术标准制定提供研究素材和基础资料。

一、研究思路

在司法会计鉴定问题分类的研究思路方面，实践中存在以下两类，一类是从案件侦查工作角度出发，另一类是从司法鉴定工作角度出发。

从案件侦查工作角度出发的研究者认为，司法会计鉴定工作是侦查工作的措施之一，司法会计活动的主要内容是查账，通过查账为案件侦破提供线索或方向。[①]对通过侦查获得的财务会计资料进行鉴定是固定证据的一种方式，所发挥的作用没有查账的作用大。因此，对司法会计鉴定问题的研究要从查账角度出发，重点研究在侦查工作过程当中，办案部门或办案人需要司法会计解决哪些实际问题，然后进行分类研究。持有这种观点的学者认为，司法会计所能解决的问题不仅

* 本文荣获首届“科技强检”征文活动二等奖。

①在高检院司法会计业务主管部门组织的专家讨论会上，对司法会计业务标准的制定讨论比较热烈，明显区分为两类，即从侦查角度出发与从鉴定角度出发，笔者参会聆听了当场讨论，上述观点是对存在的分歧归纳而来。

是就涉案财务会计问题提供鉴定意见，在提供技术协助的基础上可以就案件涉及的整个事实提供意见，甚至可以为案件定性，确定犯罪主体。

从鉴定工作角度出发的研究者则认为，司法会计的工作内容包括为案件侦破提供技术协助；为涉案财务会计问题进行检验鉴定提供鉴定意见；对案件中涉及的技术性证据进行审查；出庭支持公诉或作为具有专门知识的人对已有鉴定意见进行质证等诸多方面，而鉴定工作则是较为重要的方面。重点研究司法会计鉴定问题，可以在实现对鉴定工作有效指导和规范的基础上，为技术性证据审查、出庭质证等其他工作提供参照标准。深入研究司法会计鉴定问题，需要对实践中出现的或未来可能遇到的鉴定问题进行分类，并逐项提出解决方案和指导性操作规范。通过对各类问题的规范，实现对不同鉴定人出具的鉴定意见在同一标准下进行评判或质证。而对司法会计鉴定问题进行分类，必须从司法会计鉴定工作的实际出发，认真分析鉴定工作能为办案部门解决的专业性财务会计问题，进而抽象和分类后，制定出有针对性的技术标准和操作规程。查账等技术协助手段可以为某一问题的鉴定实施提供检材，鉴定过程中检材不足时，也可以通过查账等方式进行补足，但不能从查账角度考虑司法会计可以解决的鉴定问题。从这一角度出发的学者将司法会计鉴定问题，最终立足于司法会计在涉案过程中可以鉴定的财务会计问题，而不是办案部门所要解决的所有问题。

笔者主张，从鉴定工作角度出发来研究司法会计鉴定问题，可以保证鉴定人坚持有所为与有所不为，审慎地出具鉴定意见，从专业角度保持意见的中立、客观和科学，从而有效防控鉴定风险，确保出具鉴定意见的质量。

二、分类观点

笔者认为，进行司法会计鉴定问题分类，不应脱离司法会计鉴定工作实际，也要考虑对业务实践的指导性。有的研究者在此基础上结合公安部、最高人民检察院刑事立案标准，对刑法分则中的财务会计问题进行汇总概括，将涉及的主要财务会计问题分类为公私财产数额、销售收入金额、注册资本账面价值等10类①，应该说向前迈进了一步。立足于检察机关司法会计鉴定工作实际，笔者试图在分析检察机关办案过程中所涉及的财务会计问题基础上，进行抽象汇总后作进一步分类。这一做法，与主张运用通过对个案中蕴含的司法会计鉴定特别规律进行分类提炼的方法，解决实践中遇到的鉴定问题②，方法不谋而合。

实践中，办案人员常常提出的鉴定问题主要包括但不限于如下六个方面：

1. 查明对某笔涉案资金的去向；查找某笔资金的来源；该笔资金是否来源于国有企业？从某单位领取的资金是否全部进入某单位账户？

2. 涉案单位某时点的资金余额是多少？某个账户的结存额是多少？某单位某时段取得的收入是多少？应交税款额是多少？某企业的非法集资数额？

3. 某笔挪用资金产生的孳息是多少？该资金炒股盈利多少？某家庭合法收入存款产

①参见张连峰：《关于刑事案件司法会计鉴定实务执业准则架构的设想》，载《检察技术与信息化》2013年第2辑。
②参见刘秋岭：《对司法会计鉴定规则的法律思考》，载《中国司法鉴定》2008年第5期。

生利息是多少？某单位某时期的经营利润总额是多少？

4.该单位的资本构成是什么样的？国有资金占多大比例？该单位账外收入应缴纳税款占全部应缴税款的比例？

5.该单位某年某月某个凭证的会计处理是否正确？该资产负责表是否依据该单位凭证、账簿进行编制？某笔记账凭证反映的业务是否真实发生？

6.该单位适用不同会计政策带来了什么影响？

也有办案人员提出诸如谁是该案的犯罪嫌疑人？本案犯罪资金数额是多少？应该给犯罪嫌疑人认定巨额财产来源不明数额多少等问题，这些问题都超出了刑事诉讼法规定的财务会计专门性问题范畴，属于办案部门重点研究的领域，若通过司法会计鉴定解决则属于越俎代庖。

正如有的学者所言，在确定司法会计鉴定的具体范围时，应从两个方面进行综合研究：一是从各类案件需要方面，应当弄清各类案件中有哪些财务会计问题需要解决，以及通过什么途径解决；二是从司法会计鉴定技术的能力方面，应当搞清司法会计鉴定技术特点，搞清通过司法会计鉴定技术的应用所能够认识和评断的财务会计问题。①

鉴于此，笔者总结多年实践经验，在分析汇总上述常见问题的基础上，拟将检察机关司法会计鉴定问题归纳为：（1）资金流向类鉴定问题；（2）额度查验类鉴定问题；（3）损益类鉴定问题；（4）资本（账户）结构类鉴定问题；（5）会计计量确认、账务处理、报告列示错误类鉴定问题；（6）会计政策适用类鉴定问题。

当然，这一分类并不能涵盖检察机关所有的司法会计鉴定问题，只是实践中较为常见的部分类型，应该根据办案实践和工作需要，及时地进行修订和完善。如同注册会计师业务准则一样，制定初期也没有考虑到“生物性资产”等业务存在。所以对司法会计鉴定问题进行分类研究，也不能一蹴而就。

三、几种常见问题

（一）资金流向类

办案实践中遇到的资金流向问题主要涉及资金来源和去向的检验问题，区分为：（1）完整型资金流。实践中碰到的多数情形，资金链并不断裂，通过查找核对能够根据财务会计资料形成较为完整的证据链条。在核算较为规范的涉案单位，财务会计资料较为齐全，资金流的表现形式可能是记账凭证、账簿资料等；在财务会计资料不够完整齐全的情况下，资金流则主要表现为原始单据如银行资金流水、记账传票等。办案部门在查清资金具体流向后，需要通过司法会计检验报告的形式，将资金流向所涉及的书证进行汇总，以方便公诉人在法庭上进行举证和展示。（2）断裂型资金流。即在资金流出现断点时，需要通过司法会计鉴定进行修复，通过鉴定上一笔资金与下一笔资金的一致性，从而完善整个证据链条。（3）其他形式资金流。资金流的表现形式可能多样，不一定表现为现金、银行存款的实际流动，亦可能表现为股票、债券、基金份额等。当然，在实际司法会计鉴定过程中，往往是多种形式交叉。

①参见于朝主编：《司法会计学（修订版）》，中国检察出版社2004年版，第351页。

（二）额度查验类

资金额度类的鉴定问题较常见的有如下类型：（1）期间总额汇集类，如对非法集资案件中集资数额的确认，对涉案资金总额的认定等，多数适用于对案件全貌的认识和了解，而在非法集资案件中，集资数额、债权债务金额的确认则作为案件主要证据使用。（2）时点额度查验类，主要用于判断和证实某个账户在某一时点账实是否相符（如现金长库、短库），从而判断是否存在犯罪问题，这经常出现在出纳人员贪污、挪用、企业偷逃税款等类案件当中。（3）收支数额核对类，用于鉴定收入数额或支出数额，通过与相关方数额进行比对，从而确认是否存在收入不入账、支出不属实等问题，常表现为对付款方与收款方记账数额一致性的检验，尤其是在业务人员贪污挪用公司货款、惠农资金贪污挪用等类案件中经常遇到。

（三）损益类

损益类司法会计鉴定问题是指对案件中涉及的某笔资金或某个主体在一定期间内取得盈利或亏损情况进行的鉴定。利用国有资金买卖证券产生盈亏问题、国有资金经营取得盈亏问题、嫌疑人家庭合法收入存款产生孳息问题等，均属于这一类型鉴定。

（四）资本（账户）结构类

主要包括两个方面：一是对注册资本金构成的司法会计鉴定问题。正确界定各出资人的出资比例，准确核实“实收资本”或“股本”账户所核算的资本构成，对鉴别判断涉案公司或企业的产权归属，具有重要意义。尤其是在多种所有制经济成分混同的情况下，查办贪污、挪用类案件经常遇到该类问题。二是对项目资本金构成的司法会计鉴定问题，经常出现于干股行受贿等案件类型之中。

（五）会计计量确认、账务处理、报告列示错误类

对涉案单位会计计量确认、账务处理、报告列示等方面是否正确进行鉴别判断，在有效确认犯罪数额的同时，可以揭示犯罪嫌疑人的犯罪手段和方式，为案件查办提供部分客观要件。主要包括：（1）原始凭证错误类。经办案例中，通过原始凭证错误手段实现贪污挪用犯罪的类型较多。既有收入单据存根、记账联次金额不一（大头小尾）型，又有收入单据直接隐匿型，还有表格汇总金额错误型，花样各异。（2）记账凭证错误类。表现为：①虚构记账凭证，是指在没有真实的经济业务发生的情况下，制作记账凭证并据此进行账簿登记等工作。因为不能涉及资金及实物资产的增减，常见类型多以制作转账凭证为主。②简化记账凭证，是指对记账凭证使用科目进行简化合并，让人产生误解，即不正确反映发生的经济业务。③记账凭证数据与原始凭证数据不一致，即对原始凭证数据累计不正确，记账凭证数据常常少于实际单据数额，常发生于收、付款原始单据较多的情况下。（3）账簿登记错误类。包括：账簿登记金额与各记账凭证汇总金额不一致；总账与明细账或上一级明细账户与所辖下一级各明细账户汇总金额不一致；同一账户上下年度结转金额不一致等。（4）报表编制错误类，出现在骗取银行贷款类案件当中，犯罪嫌疑人往往采取提高资产负债率、存货周转率、收入利润率等财务指标的方式，以满足银行设置的贷款条件。而上述财务指标的提升，则涉及相关会计科目或报表项目的调整。因此，通过这种方式所进行的报表编制，是不可能依据反映实际经济业务的财务账簿进行汇集编制的，也就造成了我们所说的报表编制错误。

（六）会计政策适用类

实践中，通过会计政策选择适用方式实施犯罪的类型并不常见。因为会计政策一旦确定后较为稳定，不会经常发生变更，若要变更需对产生的影响进行追溯调整①，较为麻烦。选择适用会计政策则会产生不同的核算成果，致使核算企业的资产负债状况发生变化。犯罪嫌疑人往往通过选择适合自己的会计政策，使资产、负债状况实现可控，并借此种方式来达到对资产的转移或占有等目的。对这一问题的判定，有时会涉及法律与会计准则冲突的问题。②

四、小结

归纳和梳理的上述六大类问题，还只是司法会计鉴定领域中一小部分。希望随着业界同仁对各类鉴定问题的补充与完善，针对不同类型，提出具体解决思路和鉴定方案，供同类型案件的鉴定工作进行借鉴，为司法会计鉴定技术标准的研究提供一些素材和基础资料。▲

①参见财政部：《企业会计准则——应用指南2006》，中国财政经济出版社2006年版，第68页。
②参见祁群：《论资本会计调账的司法会计受理和鉴定》，载《中国司法鉴定》2008年第5期。

共情技术在心理测试谈话中的应用*

文 | 北京市房山区人民检察院　闫潇潇

心理测试中的谈话，包括测前谈话与测后谈话，它并不是简单地了解情况、核实案情或走过场。测前谈话是整个心理测试的基础，是被测人认可、接受并且信任测试人员的过程。而测后谈话，是心理测试的延伸，是测试人员引导、说服被测人，突破心理防线的重要一环。如何在测前、测后谈话这短短的几十分钟内，建立起信任的测试关系，进而打开被测人的心理防线，让其面对真实的自我呢？心理咨询中的共情技术是一个值得借鉴的方式。心理咨询与心理测试，是心理学在不同领域的应用。心理咨询的历史由来已久，而心理测试还是一门年轻的学科，测试人员如能将心理咨询中共情技术的原理和操作方法，灵活运用到测前、测后谈话中，将起到事半功倍的作用。

一、共情的心理学内涵

共情，是心理咨询中最为重要且有效的技术手段之一。[①]

共情（Empathy），又称通情、神入、同感、移情、同理心等。共情这一概念最早是由 Titchener(1909) 提出来的。Titchener 认为，人不但能够看到他人的情感，而且还能用心灵感受到他人的情感，他把这种情形称之为共情。[②] 从心理咨询的角度来看，共情至少包含以下三层含义：一是心理咨询师能暂时地抛开自己的观点和立场，设身处地地从

---

* 本文荣获首届“科技强检”征文活动三等奖。

①参见于鲁文：《共情在心理咨询中的作用》，载《健康心理学杂志》2003 年第 11 卷第 4 期。

②参见李燕、李小利：《心理咨询中共情技术的解析》，载《教科文汇》2008 年第 8 期。

来访者的角度出发，体会他们的独特内心体验和感受，并尝试站在来访者的立场去理解和接受；二是心理咨询师要适时将自己这种理解、体会和感受来访者的态度传达给对方，使他们认识到自己感受是可被理解和体会的；三是心理咨询师要及时引导来访者进一步反思自己的感受，使他们能够认识到自己的问题所在，突破自己不愿面对现实的心理防御机制，从而实现心理成长，恢复心理健康。①

共情，并非简单地表达同情，是咨询师帮助来访者克服心理障碍，使他们在感情上承认和接受自身现状，摆脱畏惧、焦虑等负面情绪，最终在咨询师的帮助和引导下，认清问题根源并作出改变。同样，心理测试员在与被测人交流过程中，也需设身处地地体验被测人真实的内心世界，理解被测人拒供、供述反复的症结，使他们克服心理障碍，对案件实现更加客观的认知。

二、共情技术运用于测前谈话的可行性

心理咨询是咨询师协助来访者解决心理问题的过程；心理测试是测试人员探查被测人与正在调查的案件之间关系的过程。虽然二者法律、现实意义不同，但是，同样是与人交流、沟通，在一些具体操作过程中存在很多的共同点，这为共情技术应用到测前谈话中提供了可能。

（一）交流方式相似

心理咨询是咨询师运用心理学以及相关知识，遵循心理学原则，通过共情等一系列的心理咨询的技术与方法，帮助求助者解除心理问题。② 可见，心理咨询是以心理咨询师为主体，以求助者为对象，用心理咨询的方法，与对方进行沟通的一种互动过程。

心理测试的谈话，是主测人为赢得被测人的信任，说服被测人配合测试，最终打开被测人的心理防线，以言辞方式对被测对象进行谈话的过程。那么测试谈话可以认为，是以主测人为主体，以被测人为对象，以一定的手段和策略为桥梁的互动过程。

既然二者都是一种交互式问话，那么，心理测试的谈话过程当然可以借鉴心理咨询中的成熟技术，使心理测试更有效地发挥作用。

（二）阻抗相似

阻抗，通常是指来访者对于心理咨询过程中自我暴露与自我变化的抵触与抗拒，他们不愿意面对由于无法应对生活中出现的挫折而导致的心理障碍。具体表现为，求助者在咨询过程中以隐蔽或者公开的方式对抗拖延和咨询者的要求，否定咨询者分析的现象。

同样，在测试谈话中，被测人拒绝谈及案件情况，否认自己与案件有关，其实也是阻抗的表现。这种阻抗的相似性，决定了心理咨询中的共情技术可以为测试中的谈话提供帮助。

（三）知识背景相似

心理咨询师和测试人员为了达到各自的预期效果，在进行交流的过程中都需要用心理学的原理和知识，需要了解人心理变化的过程，并在求助者和被测人出现期望中的心理变化临界点时积极地加以引导。

此外，心理咨询中的来访者和心理测试

①参见刘启刚：《共情技术在侦查讯问中的应用》，载《河南警察学院学报》2012年第21卷第6期。
②参见《国家职业资格培训教程——心理咨询师》民族出版社，第417页。

的被测人有着类似的外部情绪反应，如不安、紧张、焦虑等，虽然二者的情绪反应来源不同，但是，最终目的都是让他们突破这种焦虑情绪，面对现实。

正是由于心理测试的谈话与心理咨询有诸多共性，使得心理咨询的方法对于测试谈话来说有着不可忽视的借鉴意义。

三、共情在测试谈话中的应用

（一）应用路径

共情是深入被测人内心世界的一个连续不断的过程，需要经过认真倾听、设身处地、准确回应和引发领悟等阶段。

1.积极倾听，寻找共情点

共情的前提，是倾听对方的陈述。这种倾听是带着目的进行的积极倾听，在听中寻找共情点。通过倾听被测人的陈述，可以了解他的心理状态，他对案件的了解情况和看法，以及否认自己与本案有关的辩解等。同时，倾听也传达出对被测人述说的尊重，对于建立友好测试的关系，有着重要意义。当然，听不是单纯被动地听，测试人员既要适时表达出对被测人所述的关注和理解，同时也要对无关联的话题及时打断，引导谈话的过程和方向，防止陷入毫无意义的辩解和诉说中，并为最终引导其供述做好铺垫。

共情点，不局限于与案件相关的情况，他的出生背景、成长经历、工作经历、兴趣爱好等，都可以成为引导被测人述说的共情切入点，根据主测人听到的情况，结合测试当时的情形灵活运用。

2.设身处地，准确回应，减少压力感

面对案件事实，无论承认还是逃避，被测人内心都承受着巨大压力。测试人员如能用关切、体察的态度去感受被测者的内心世界，传达出理解对方面对事实暴露带来的法律严惩所引发的恐惧，同时，表明大多数犯罪都是有一定原因的，在感情上甚至是可以理解的，就可减轻其作案后道德负面评价的心理压力。譬如，在故意伤害中，可以说因为被害人的挑衅导致加害人一时冲动而犯罪；盗窃案，是由于家里急于用钱又没有别的方法或者受人唆使一时糊涂等。当压力减小时，对惩罚所引发的恐惧也会减少，更容易面对自己的错误。

3.引发领悟，如实供述

共情的重要价值在于唤醒来访者的内心世界，帮助来访者正视自己的能力和经验，促进其自我认知和自我成长，达到自我领悟。同样，心理测试的最终目的也是查明真相，让有罪的人面对事实、如实供述。在表达出对被测人的所作所为表示理解的同时，也要让他反思自己的行为，对国家、集体、他人利益造成的严重后果，在他表现出波动、迷茫等心理反应时给予及时的反馈，引导其通过供述来获得心理上的解脱。

（二）应用效果

1.有助于建立和谐的关系

共情，可以让测试双方建立和谐的关系，使被测人在和谐的氛围中更自然地表露自我。

试想，如果测试人员居高临下，步步紧逼，营造高压态势，必然引起对方的反感、对立情绪，这种方式肯定不适用于心理测试。测试人员切忌把自己的角色定位为讯问人，站在被测人的对立面。但是，那些表面化的、虚情假意的关心，也并不能使被测人对测试人员真正认可和接受，更不用说信任。从测前谈话开始，心理测试人员就要力图给被测人树立一种客观中立、富有同情心和理解心的形象，主测人员站在测试对象的角度，探讨他在实施犯罪行为时的心理原因、心理感受和心理变化，对其行为活动予以理解，并表示出该行为可能合情、合理但不合法的态度，从而在心灵上进行抚慰，用平和的言语与对方进行内心的交流，以便和被测人建立一种良好而融洽的关系。

2. 有助于拉近心理距离

共情，可以拉近双方的心理距离，使被测人对主测人产生认同。

一般来说，被测人进入测试室，主测人不会马上询问案情，而是先从外围情况入手。他的成长经历、工作经历、兴趣爱好等，主测人员在交流中随时都可以与他找到共情点，自然地拉近双方的心理距离。

如石景山区检察院公诉处委托的张某故意伤害案，面对办案人员的讯问，张某或是沉默或是否认。当承办人把张某带到心理测试人员面前，张某对测试人员的提问也是简单的回答。面对这一局面，测试人员试图从张某工作上的辛苦、不如意为共情点，以此引起受测者的交谈兴趣。张某也慢慢消除了开始的敌对情绪，与我们有了更多交流，到测试结束后仍不愿离开。

3. 有助于减轻负罪感

从心理学角度看，要使作案人如实供述犯罪事实，就要减少其焦虑，减轻其对法律后果和道德后果的感知，才能让其放下顾虑，如实供述。测试人员通过适当地站在被测人的角度，将犯罪行为发生的原因扩散化，或将责任转移一部分给他人、环境、社会等，从作案人的角度分析案件发生的必然性，适当转移作案人的责任，减少作案人的心理压力，以减轻其罪责感和对后果的感知。

如石景山区检察院公诉处委托的杨某某故意伤害案，杨某某的口供始终不能确定，一会儿认罪一会儿否认，多次反复，承办人遂将本案委托心理测试。测试当天，测试员没有急于和杨某某谈案情，而是以他的工作、家庭情况入手，谈到家庭时得知杨某某结婚不久，由于经济条件有限，还与母亲住在一起，妻子刚刚怀孕……测试员猜想这些都有可能是杨某某口供反复的顾虑因素。上机测试完成后，测试员当场指出伤害行为是杨某某所为，同时，强调他做出这件事不是蓄意而为，而是“情有可原”，许多人面对这样的情景，面对这样的被害人，都可能以同样的方式作出反应，你这个人本质上不坏，我们知道你面对工作、家庭有很多顾虑，但是，每个人都要对自己做出的行为承担不利的后果……测试员把他的行为严重性降到最低限度，为他的行为“辩解”，责怪被害人，减轻他的畏罪心理，让他有台阶可下，同时引导他勇于面对问题，承担责任。最终，杨某某当场承认他的伤害行为。

4. 有助于引导说服

当测试员对被测人的所作所为表示理解，并将行为发生的原因分散，将责任转移一部分给他人时，被测人供述的压力会有所下降，这时会出现波动、迷茫甚至求助的心理。实际测试中，一些被测人在测后谈话中会问我们，他到底该怎么面对这件事，测试人员要及时抓住这种心理，给予适时反馈、引导，让他勇于面对现实，这对于促使其如实供述将会起到关键作用。

测试谈话的重要性毋庸赘述，测试人员必须认真研究，掌握谈话的方法和技巧，不断提高测试谈话的技术水平。而心理咨询的共情技术，一直被测试人员有意或无意地运用到测试谈话中。如果测谎员能系统深入地将这项技术进行再认识，从更广阔的视角将心理学其他领域的知识引入心理测试，那么心理测试的发展将上一个新的台阶。▲

移动智能终端取证技术研究*
——以检案为视角

文 | 湖北省人民检察院　陈炯
湖北省人民检察院武汉铁路运输分院　徐晶
湖北省人民检察院　何振兴

移动智能终端（或移动通信终端）是指可以在移动中使用的计算机设备，广义地讲包括手机、笔记本、平板电脑、POS 机、穿戴式设备甚至包括车载电脑。但是大部分情况下是指手机或者具有多种应用功能的智能手机以及平板电脑，现代的移动智能终端已经具有极为强大的处理能力，拥有非常丰富的通信方式，可以实现各种丰富的功能，是一个综合信息处理平台。在职务犯罪案件侦办中，运用移动智能终端电子数据取证技术突破案件的案例越来越多，本文主要以智能手机为例对移动智能终端的取证技术作个初步的介绍。

一、案情简介

在侦办一起职务犯罪案件中，办案人员获取犯罪嫌疑人三星 N7102 联通定制版手机一部，因需要通过其手机内部信息掌握获取犯罪嫌疑人日常活动和社会关系等信息，从而发现有价值的线索和证据，而该机设置有锁屏密码，密码类型为九宫格图案组合密码，犯罪嫌疑人因惧怕办案人员掌握其手机内容，对其不利，拒不交代密码。为突破案件，从发现新的犯罪证据和瓦解犯罪嫌疑人心理防线的角度出发，办案人员要求电子证据鉴定人尽快破解手机锁屏密码，提取手机内部通话记录、短信、通讯录、QQ 及微信聊天记录等内容（包括通过技术手段恢复已删除的信息）。

二、检验过程

（一）检验思路

由于手机设有锁屏密码，手机不能进入

* 本文荣获首届“科技强检”征文优秀奖。

端口调试模式，所以提取手机数据信息的前提是破解手机锁屏密码，而此手机型号为三星 N7102，其采用的是 Android 操作系统（系统版本不详），根据现有手机检验鉴定技术，可以先通过第三方 ROOT 工具临时获取系统管理员权限，绕开锁屏密码，再在手机系统文件夹里查找相应锁屏密码保存的文件，通过手机密码高速破解工具破解此文件，得到相应密码，从而解锁手机，进而可以打开手机端口调试模式，采用手机数据提取工具进行数据信息提取。

（二）检验流程

1. 初检。拿到手机后，观察手机外表性状，包括：颜色、大小、型号、有无损坏、能够正常开机、手机电池状态、有无 SIM 卡、存储卡等，并在工作记录上注明。

2. 拍摄手机照片。使用专业相机拍摄检材全部和细节，包括检材内部所含电池、SIM 卡、存储卡及随案移送的附件、文书、记录等。

3. 检验。连接手机到电子证据提取工具，打开软件进入端口调试读取模式，读取手机端口失败，多次尝试后仍然不能读取。原因分析：手机设有屏保，具体为九宫格图案密码锁，只有解开该图案密码锁，才能激活手机端口调试模式，从而才能使手机正确连接到电子证据提取工具，否则在端口调试没有打开正常运行的情况下，不能读取手机任何数据。

（1）手机 ROOT。打开手机工程模式，使用第三方手机权限破解工具，向手机写入第三方权限获取临时 Recovery，向手机写入一个获取临时最高 ROOT 权限、大小为 15KB 的临时启动 ROM，以覆盖本机启动 ROM。

（2）破解密码。在写入临时 ROM 成功后，重新启动手机，接入第三方手机密码高速破解工具，分析手机系统 ROM 数据，搜索手机开机和屏保密码所在文件夹，发现手机密码和屏保所在文件，用手机密码高速破解工具分析此文件，得出该手机九宫格图案密码组合数字，将所得数字对照相应图案位，破解九宫格图案。

（3）打开调试模式。根据破解所得九宫格图案密码，打开开发者模式，并解锁手机端口调试模式。

（4）提取数据。使用电子证据取证软件，提取手机的全部信息（通话记录、联系人、短信、微信等，包括已删除可恢复的信息）。

（5）检验报告。将提取的数据信息进行保存，并生成检验报告，按照要求填写相应的工作记录。

（6）制作文书。把提取保存的数据信息进行刻录，保存在光盘上（进行哈希值计算），制作检验鉴定文书。

三、移动智能终端电子取证技术对于案件侦办所起的作用

近年来，移动智能终端电子取证技术在检察机关职务犯罪自侦案件侦办中发挥的作用越来越大。当前，信息时代变革的节奏是前所未有的，在社会交往和日常生活中，以智能手机为代表的移动智能终端的应用普及率已达到了惊人的程度。当前，职务犯罪案件涉及的嫌疑对象一般身居要职，具有高学历、高智商等特点，另外，他们具有丰富的社会生活阅历，对涉及的行业漏洞和管理漏洞较为熟悉，具有较多规避法律的手段，而随着其自我保护意识的不断增强，反侦查能力也不断提高，其犯罪手段智能化、隐蔽性不断增强，迫使职务犯罪案件需要更多的手段来快速突破犯罪嫌疑人的防线。作为职务犯罪主体常用的手机，因其档次较高、性能较好，并且使用频繁，具有很高的存储重要

涉案信息的可能，因此充分发挥移动智能终端电子证据的作用，必将为职务犯罪案件侦破提供强有力的技术支持。以本案为例，在成功破解犯罪嫌疑人手机屏幕密码获得案件重要线索后，配合有针对性的讯问手段，犯罪嫌疑人心理防线全面瓦解，为本案的迅速突破提供了有力支撑。

（一）从证据角度出发

通过检验鉴定，对该案的电子证据，如果不是通过技术手段破解其锁屏密码，很多隐含电子证据，甚至是决定案件成败与否的证据都可能无从发现，而这些电子证据很可能单独成为或和其他证据相关联成为证明犯罪事实的关键证据，同时在很大程度上使得案件证据具有多样性、完整性、科学性的特征。

（二）从侦办案件角度出发

犯罪嫌疑人拒不配合，不交代其手机锁屏密码，使得案件侦查活动处于被动局面，通过手机 ROOT 权限获取、密码破解、电子证据提取恢复等技术手段，成功获取了犯罪嫌疑人手机信息，为侦查活动指明了方向，从而避免了侦查活动陷入被动僵局。

（三）从突破犯罪嫌疑人心理防线角度出发

在犯罪嫌疑人拒不交代的情况下，通过破解犯罪嫌疑人手机锁屏密码，我们获取了其手机通话记录、联系人、联系短信、微信等关键信息，犯罪嫌疑人心理上肯定认为我们没有办法得到其手机信息，通过掌握其信息，从而突破其心理防线，为案件侦破，突破犯罪嫌疑人口供提供了有力支持。

四、移动智能终端取证的思考

在对该案涉案移动智能终端的取证过程中，有很多问题值得我们分析思考。

（一）信息技术的发展对移动智能终端电子取证的要求越来越高

随着信息科技的快速发展，以手机为代表的移动智能终端安全性能越来越高，手机锁屏密码、指纹验证、声音验证、防 ROOT 等新技术层出不穷，犯罪嫌疑人拒绝提供开机密码、人为损坏手机等各种妨碍取证的方法也不断出现，这就要求技术人员必须不断提升电子取证工作水平，另外还需要努力探索构建技术部门与办案部门之间的协作联动机制，以制度化的流程来固定电子证据助推执法办案的实效，以实实在在的办案效果来激发广大干警运用电子证据的积极性，在案源不断扩大的情况下提升电子取证工作的水平和能力。

（二）移动智能终端取证前应做好充分准备

检验人在开始检验鉴定前，须先询问办案人员送检手机有关情况：手机本机号码，手机是否为犯罪嫌疑人本人使用，犯罪嫌疑人使用该机大概多久，手机什么时候被扣押的，最后一次开机或关机时间；对此类信息，检验人必须尽量掌握，因为电子证据检验鉴定工作前期检验鉴定背景掌握是至关重要的，电子检材状态信息，特别是移动通信终端类设备，因带有较强的个人专属属性，对其基本使用状态情况有个基本的掌握，便于我们下一步决定使用何种方式方法进行检验鉴定，及我们检验鉴定时应注意的细节问题。举例说明：在案件检验鉴定中，如果该手机真实情况并不是犯罪嫌疑人本人使用，犯罪嫌疑人只是为了混淆办案人员视听，扰乱其侦查方向，即使我们破解了密码，提取到了里面的信息，但只能从电子证据角度分析，该手机基本使用情况，通信记录、联系人、短息、微信、上网记录等信息，但从证据角度出发，并不能绝对界定手机实际使用者具体情况，所以在不搞清手机实际使用情况下，电子证据并不能绝对证明犯罪嫌疑人有关犯罪事实，而只能是一种相对的技术协助手段，有利办案，提供一定侦查方向而已。而随着《刑事诉讼法》、《民事诉讼法》和《行政诉讼法》的修改和实施，关于电子证据的规范界定，即什么样的证据才能称为电子证据有严格的界定①，即能够证明案件真实情况的，以物理方式存储于计算机系统内部及其各个层面（计算机网络的应用层、表示层、会话层、传输层、网络层、数据链路层与物理层等）或存储介质（内存、光盘、硬盘、软盘及辅助介质）当中的指令和资料，包括计算机程序和程序运行过程中所处理的信息资料（文本资料、运算资料、图形表格等）。仅是"能够证明案件真实情况"这句话，就是表达对电子证据所含信息证据性、本质性要求，所以从证据的真实性、严谨性、规范性、科学性、体系性出发，通过电子证据检验鉴定手段得到的数据、信息能够成为证明案件事实的证据，需要电子证据检验鉴定人从证据规范角度出发，一步一步做到科学严谨，滴水不漏，前期的证据提取和采集，所做的工作必须巨细靡遗。②

（三）移动智能终端电子取证过程宜进行流程规范

我国公共安全行业标准《数字化设备证据数据发现提取固定方法》（GA/T 756-2008）、《法庭科学电子物证手机检验技术规范》（GA/T 1069-2013）分别对电子设备中作为证据的数据固定通用方法、以应用层及系统层提取技术获取手机数据具体方法的科学性提出了规范性要求，但是对移动智能终端取证具体的取证流程未进行详细的说明，不便于操作人员直观掌握。以本案为例，我们建议将移动智能终端取证以流程规范如下：

1.初检（手机型号、有无SIM卡、存储卡、附件）。

2.拍摄检材照片。

3.智能终端端口调试，能否正常进入手机端口调试模式。若端口调试正常，则用取证工具进行数据提取；若端口调试不正常，则分析判断原因之后选用破解工具对其进行破解后，取出锁屏密码文件进行密码破译后用取证工具进行数据提取。

4.导出提取数据并进行固定，生成检验鉴定报告。

5.根据生成检验鉴定报告，填写检验鉴定记录和制作鉴定文书。

6.归档所有文书、记录，并妥善保管检材。

随着移动智能终端的迅速崛起，以智能手机为代表的各种形态移动智能终端将深入到我们生活的各个方面，人们将通过手中的移动终端来与世界发生各种联系，移动智能终端也将记录着人类的各种活动轨迹和交流信息，因此检察机关要继续大力发展电子取证技术为执法办案服务，充分发挥技术服务办案的作用。▲

---

①参见陈恪玮：《刑事诉讼法中电子证据的完善》，载《青年与社会》2014年。
②参见王要许：《证据的真实性、关联性、合法性特征》，网址：http://blog.sina.com.cn/s/blog_681aeb730100iukg.html。

从统一业务应用系统看检察技术与检察业务的深度融合

文 | 江苏省无锡市滨湖区人民检察院　　张晓

近年来随着科技强检步伐的不断加快，各级检察机关大力发展检察技术，在不断提升技术水平、加强技术队伍建设的基础上，积极将检察技术广泛融合到各项检察工作中。这其中成效最好、效果最突出的当属2013年高检院在全国检察机关推行使用的统一业务应用系统。作为高检院立足检察工作全局的一项战略性、基础性的重大决策，统一业务应用系统以信息技术为手段、以案件管理工作为切入点、以各类检察业务为核心，形成了检察业务工作的完整架构和体系。正是因为统一业务应用系统在当前检察机关工作中的重要价值和其作为一个核心平台的战略地位，本文将以统一业务应用系统为出发点，探讨如何寻求检察技术和检察业务的深度融合。

一、统一业务应用系统使用现状及其局限和不足

统一业务应用系统涵盖了目前检察机关工作中所有的检察业务类别，通过科学合理的顶层设计、业务规划，细化业务标准、固化业务流程、落实配套规定，真正实现了所有案件网上办理，改变了原先书面纸质办案的传统模式。可以说目前统一业务应用系统在检察机关工作中起着不可替代的重要作用，但是在肯定其作用的同时，也应当看到统一业务应用系统还存在一些问题和不足，这也是探讨检察技术和检察业务融合之前我们所必须了解的内容。

1.业务功能完善，管理功能薄弱。统一业务应用系统对检察业务进行了细致的规划设计，业务功能已经完全能够适应日常的

检察办案，并且随着系统的持续运行还在不断进行升级优化。但是目前系统中的统计分析功能还相对薄弱，案件业务指标、专项指标等功能虽然已经设计，但仍有问题，并未真正使用。要将大量案件数据真正转化为改进工作、助力领导决策的管理依据还有很多工作要做。同时，在管理功能上并未给检察干警的工作提供便利，以案件信息公开工作为例，目前在系统中并没有对案件信息公开的期限进行统计和提示，需要干警在系统中一一查看，手工统计，大大降低了工作效率。对于案件各办理阶段的信息也未能形成数据链条，只能通过干警分阶段多次查询，增加了等待查询的时间。

2. 系统重复建设，资源利用率不高。一方面，高检院、省级院、市级院各个层面曾经设计开发过很多信息系统，这些系统中部分系统通过和统一业务应用系统的对接仍然在使用中，如 AJ2013、控申信息管理系统等。剩余的很多业务系统面临两种选择，一种是在业务功能重叠不多的情况下研究设计和统一业务应用系统的数据对接接口；另一种就只能被淘汰。但也有部分地区性的系统在功能设置和设计上有自己的独到之处，能够适应本地工作需要，是可以继续发挥其作用的，这时候就要调研论证其是否应当继续使用，通过适当的调整将现有的资源最大化利用起来。另一方面，高检院在统一业务应用系统使用以来对于进行系统扩展应用开发设计一直十分强调和重视，各级检察院也做了很多积极的探索和尝试，但是这也带来了另一个问题，就是重复建设。很多技术实力较强的检察机关已经自行着手开发扩展应用或者已经有了成果，不可避免地就是功能上可能会重叠，造成重复建设。建议在省级层面能够统一规划设计扩展应用的开发，覆盖推广这一地区，其他地区与其特点相同的，也可以拿来二次利用，大大提高资源使用率。

3. 平台体系庞大，后期需要持续优化。统一业务应用系统运行 1 年多来已经积累了大量的案件数据，基层检察院平均每年都会办上千件案件，随着系统运行时间的推移，系统的案件数量仍将不断上升，这对系统的稳定性和使用性能将是一个不小的挑战。有的基层检察干警在进行历史案件查询的时候已经遇到了响应时间延长的问题，对于工作效率的负面影响已经逐步显现。正因为统一系统平台过于庞大，因此，今后还要在功能层面对统一业务应用系统的模块继续划分，逐步将业务功能和统计分析功能分离，减轻系统负荷，分流系统负载；在程序代码方面，继续优化代码内容，提高系统运行效率，优化响应时间，降低内存占用；在数据库层面不断优化提升，研究合理可行的海量数据管理方案，对结构化、非结构化、多媒体数据分类存储管理，运用分布式技术存储数据，提升 I/O 速率，保证系统的高性能和高可用性。

二、技术视角下的检察业务分析

既然要研究检察技术和检察业务的深度融合，除了要了解信息化现状水平和问题不足之外，更要熟悉各类检察业务的内容和特点，才能准确找到检察技术和检察业务的结合点，设计出真正适合检察业务工作的应用系统。笔者以技术的角度出发，试着分析总结各类主要检察业务的特点。

1. “博而杂”的案管业务。案管部门作为检察机关的案件监督管理部门，其工作主要内容包括案件受理、案件流程监督、案件信息统计、案件信息公开等，涉及侦监、公诉、反贪、反渎、民行、控申各个业务条线，工作内容杂而多。平时除了有大量的案件数据需要手工录入统一业务应用系统，还要在统一业务应用系统中对每个案件进行流程监控，浏览案卡文书信息，确保文书规范、手续合法。每个月还要完成单位案件数据统计汇总工作，浏览系统内的案卡数据，及时改正各类数据问题。除此之外还需要承担案件信息公开工作，由于目前统一业务应用系统还无法自动计算公开期限，需要案管工作人员手工统计起诉类案件的案件公开期限，按时公开案件信息。

2. “快而准”的侦监业务。批准逮捕类案件按照法律规定办案期限是 7 天，由于期限很短，所以要求办案速度快并且不能出任何差错。侦监部门的检察干警需要在 7 天内审查案件内容，并在统一业务应用系统内填录案件数据，开具法律文书，保证案件及时办结。正是这种高效的工作风格，需要信息系统也能跟上侦监干警的办案速度，也就是要求系统响应速度要快，但是系统同时又要保证内容显示精准，简洁而准确，容错性要高。

3. “精而细”的公诉业务。审查起诉类案件的法律期限是 1 个月，办案周期相较批准逮捕案件要更充裕，但是案件需要审查的内容更多，法律手续程序更多，文书规范等更复杂。办理审查起诉业务需要做到精，精通各种法律规范、流程，对各种文书开具烂熟于心。同时还要做到细致、细心，保证办案流程正确、法律手续齐全，认真审查案件证据是否确实、充分。从技术角度来说，就是信息系统要有完备的法律条文库、规范文书库，对于大量案件信息分类细化、展示清晰、突出重点，能够在复杂的案件办理过程中适时作出提醒和校验。

4. “缜而密”的自侦业务。新形势下贪污渎职案件办理难度越来越大，犯罪更隐蔽，证据更难查找，案件情况变化多端，侦查人员需要搜集各类线索并仔细甄别其中有用线索。这就要求信息技术能够在案件复杂多变的情况下提供帮助，可以是通过数据智能分析，也可以通过专家智库咨询，案例库比对等寻找突破口。通过技术手段在众多的线索中分析筛选，去除无用线索，寻找最准确的侦查方向。自侦业务还有着其隐蔽性、保密性要求，各类线索的侦查要做到严格保密，信息系统在安全性、保密性的设计上要求更高，对于权限的划分要更加严格细致。当然，自侦案件在办理过程中也有很多法律规定期限，也要求系统能够快速响应，引导办案流程，确保程序合理、手续完备。

5. 其他检察业务。控申业务需要准确及时传递各类举报控告线索，因此要求应用系统能和其他相关业务有很好的结合性，数据能够及时传递，按照线索的内容自动进行分流处理，对大量的控告申诉信息，能够准确分类，精确统计。民事行政案件类别繁多，情况复杂，但与其他业务类别关联较小。因此系统要更精于民行业务自身，详尽庞大的法律条文数据库和案例库必不可少，案件周期更长，系统要能够在各个不同的阶段作出相应的提示和引导，使案件能够及时准确办理完成，正确履行法律监督职责。

三、探索检察技术和检察业务的融合

高检院在多次会议上强调要加强统一业务应用系统扩展应用的开发设计，依托统一业务应用系统这个大平台，根据各地实际，开发适合本地应用的细分业务系统。笔者在之前已经分析了目前统一业务应用系统的现状和局限，以及各类检察业务的特点，为了充分提高信息资源的利用率，切合当前工作实际，避免更多的重复建设，我们可以得出一个结论就是以统一业务应用系统为中心和出发点，设计相关业务扩展应用，辐射连接相关办公自动化等系统是当前探索检察技术和检察业务融合的核心，并且探索融合的重心要放在管理、统计、分析功能上。

（一）“多点开花”，从横向上实现业务特色

各类检察业务既是独立又是相互关联的，首先要从各个业务点上研究技术融合，形成一个个完整独立的业务模块，才能最终形成统一的整体。就像一台精密的机器要能够稳定高效的运转，离不开每个零件的作用，其中任何一个零件有问题，都会导致机器无法运转。

1.数据来源。各个业务范围都需要大量的案件信息，而这些信息大部分已经存在于统一业务应用系统中，因此通过Web Service等数据接入方式将数据导入扩展应用系统中才最合适。扩展的业务管理系统所有数据都是通过对接统一业务应用系统自动导入并再计算得到的，无须检察干警二次手工录入，充分利用统一系统的数据优势。在数据导入的时间点选择上，建议应当选择每天的24时，在工作时间以外同时又能保证数据阶段的一致性，加之晚上空闲时间充裕，能够满足大量数据的传输。除了定时数据导入任务外，还建议设置不定时导入功能，但是不定时导入功能必须严格设置权限，只有有权限的人才能使用（例如部门内勤），避免系统出现瞬时超负载的数据读写访问，影响工作时间的系统稳定性。在数据导入时，也应当允许个性化配置，自主选择要导入的数据字段，以适应各地差异化需求。针对不同的业务范畴，建议设置不同的导入模板，在案管阶段的部分案件细节信息，在批捕和起诉阶段可能并不需要了解，就不需要导入。无用数据太多一是会加大系统负担，二是会降低案管干警的信息获取速度。

2.数据显示。数据导入扩展系统后，要对数据进行组合再计算，然后根据不同业务特点进行显示，抓住重点信息。显示的时候进行选择人性化的方式，比如类似于EXCEL的显示风格，因为目前很多检察机关的部门管理数据仍然采用EXCEL记录。数据进行组合显示的时候要根据具体的管理需求，生成不同的案卡信息表格，这些组合而成的信息表格应当是自定义生成的，各地区各个检察院在管理上都有差异性，可以允许使用人自主设计如何组合显示，也可以在充分调研的基础上，以地区为单位设置表格模板。此外，在案管系统中数据显示要侧重区分阶段，让使用者一目了然，快速定位阶段信息；侦监系统中侧重关键信息的显示，细节信息通过链接、多层次设计等方式延后获取；公诉系统中侧重信息的全面性；自侦系统中则侧重信息的延展性，展示关联信息，扩展案件的突破思路。

3.数据统计分析。扩展系统中建议设计定制化的统计功能，各地区根据实际情况设计各种统计指标和模板，通过导入数据自动计算统计数据。还可以设计统计数据比对功能，记录每日的统计数据，可以比对前后两个工作日的统计数据，或是前后两周的统计数据，让干警能够实时掌握统计数据变化，在发生问题的时候及时解决，避免到报表统计日时手忙脚乱。数据统计的展示方式上保持多样性，以柱状图、饼状图、曲线图等多种图表的方式展示统计结果，既方便干警自己统计分析，也方便整理数据进行调研、汇报等工作。设计多种对比分析模型，对数据的各类统计结果进行交叉对比分析，可以动

态监测刑事案件总体情况，据此分析研判，引导工作重心的动态转移，提高工作效能。数据统计中可能会发现一些统计数据错误，有的是统一系统中案卡数据漏填，有的是节点不对等，在扩展系统中发现问题时应当可以进行自动提醒，提醒具体的部门承办人进行相关错误的修正。

4. 数据支持。除了从统一业务应用系统中自动获取案件数据外，扩展系统中也应当融合有其他支持性功能，比如法律条文检索、精品案例库等。这些支持性信息，可以大大提高案件办理质量，避免疏漏发生。自侦系统中更可以把话单分析、对象关系比对等侦查功能融入进去，方便案件一站式办理。另外，各业务案件办理都有法律规定期限，对于一些快到期或是已经超期的案件应当及时提醒，统一系统中承办人可以看见自己办理案件的期限警报，但是部门领导和内勤无法了解整个部门的工作情况，建议可以在扩展系统中进行部门范围内的案件期限提示。

（二）“多点连线”，从纵向上加强业务联系

1.“案管—侦监—公诉”三点一线，案件信息共享管理。统一业务应用系统中一条业务流程主线就是从案件受理到批准逮捕到审查起诉。在各个业务系统间要加强数据关联性，形成完整的数据链条，提高业务间的数据耦合性。案管、侦监、公诉三个环节的系统获取统一业务应用系统的案件数据后，系统通过关键字段比对，自行校验、组合形成数据信息链。在信息显示的时候，案管可以清晰的查询到某个案件的当前环节、环节信息等。对于律师提出的阅卷和承办检察官交换意见等申请可以及时答复，对于统计数据出现问题时，可以及时找到对应的案件承办人进行核实修正，对于案件流程监管过程中发现问题的可以及时提出纠正意见。当系统自动导入的数据出现错误的时候，可以通过与承办人沟通后进行手工修正，保证数据的准确性，同时让承办人修正统一系统中的对应问题，并在下次数据导入后进行二次校验。建议在案管和公诉业务之间加入案件信息公开管理功能，这是目前统一业务应用系统缺少的重要功能之一。在扩展的案管、公诉系统中加入案件公开的相关信息，比如判决书收到日期、案件公开日期等。对于马上到期需要公开的案件，在系统中及时提醒案件承办人，同时案管工作人员在案管系统中也能够进行实时监测，提醒案件承办人，并进行案件公开统计和其他案件公开相关工作，大大提升案件公开工作效率。

2.“控申—侦监、民行、自侦”多种途径，合理分流线索。很多省份和地区在统一业务应用系统上线之前已经有了控申信息管理系统，并实现了统一业务应用系统的对接。无论在统一系统中操作还是外部控申信息管理系统操作后对接，其统计管理功能还是相对弱化的。线索通过统一业务应用系统移送给对应的承办部门后，都有相应的办理期限，承办部门要在期限内将办理结果反馈给控申部门，这就需要控申部门能够实时掌握各个线索的办理到期情况。对应的业务系统要能够对线索办理进行到期提示，对于办理结果的反馈提供多种通知方式。在积累一定数量的线索案件后，系统可以对相同类型或是相似的线索进行汇总分析，逐步建立线索案例库，为今后的办案提供经验帮助。在自侦系统中还可以通过交叉对比线索，自动建立关联图，寻找有关联的其他线索，为某些案件提供破案突破口。

3.“上级检察机关—下级检察机关”多级联动，加强指导管理。在部分地区可以以省一级、市一级为单位进行区域建设。以省、市级的业务系统为上级系统，各基层检察机关建立业务子系统，各子系统间相互独立，上下级系统间也独立运行。但是上下级系统间保证数据互联互通，部分数据从下级系统汇总上报至上级系统，保证上级院对下级院工作的及时掌握，提出指导意见。对于一些需要层报的案件内容，也可以在扩展系统中进行统计管理，实现两级院或三级院间的协调联动。上级院也可以通过扩展系统上传的数据，根据各项业务指标定期生成汇总后，进行业务考核管理，提高工作考核效率。

（三）“点线结合”构建平台框架，形成大平台生态体系

以统一业务应用系统为依托，以模块化设计思想构建各个检察业务单独的应用系统，各个系统之间相互独立，各系统之间通过数据接口进行数据互联互通，从而构成一个完整的应用平台。在统一业务应用系统这个以业务为主的大平台之外，构建一个与统一业务应用系统紧密联系但是又独立运行的检察业务管理统计平台。加之高检院统筹规划、顶层设计的其他平台系统、电子检务工程等，各平台之间可以寻求合理的数据联通方式，真正形成一个大平台的生态体系。这就像搭积木，一个个小积木就代表一个个独立的业务应用系统，通过正确的方式拼接组合成一个个具体的模块，模块之间再组合成一个完整的实物。这其中任何一个环节出现问题，都可以单独替换，而不影响其他的部分。这种模块化的设计可以大大提高系统的生命周期，增强其生命力，能够适应不断发展进步的检察工作需求。为了更好地提高信息系统的利用率，在从顶层谋划平台框架和系统功能的时候，要和高检院正在进行的电子检务工程等平台进行比对，尽量避免相同的功能设计，抓住各自平台的特点内容设计，真正能够让各个平台各司其职、各显神通、稳定运转，为检察工作提供源源不断的支持。▲

检察改革之检察技术工作一体化设想

文 | 江苏省扬州市邗江区人民检察院　　王琪

检察技术部门从初期成立，经历了逐步发展及高检院科技强检战略推动的高速发展过程，再到当前随着司法鉴定改革的不断深入，各地检察技术工作发展遭遇“瓶颈”困局，处于停滞不前，甚至有所下降的局面。如何破解这一困局？笔者试想，在高检院推进的电子检务工程规划下，构建省级检察技术工作一体化机制，包括人才、办案一体化及纵向、横向一体化，破除上、下级和地域限制，统筹调配、统一协调技术资源和人员，打造适应新形势发展的技术工作软硬件平台，不失为一种行之有效的解决方法。

一、构建技术工作一体化机制的必要性

1. 时代发展的趋势要求我们构建技术工作一体化机制。曹建明检察长在《做好互联网时代的检察工作“+”法》一文中告诉我们：在全球新一轮科技革命和产业变革中，应运而生的“互联网＋”模式，已经深入各行各业，包括检察技术工作，这是在信息化条件和网络社会的不断演进中，加强和改进检察技术工作、推动检察事业深入健康发展的必然要求。[①] 所谓“互联网＋检察技术”，其核心内涵是将检察技术人才、案件进行整合，统一调整、合理分配，并形成大数据库，重视数据收集与共享，及时掌握人员变动、案件进展等信息，为各级院领导决策部署、各条线业务部门科学办案提供数据分析和研判依据。

2. 技术工作面临的现状要求我们构建技术工作一体化机制。当前，检察技术工作现

①参见曹建明：《做好互联网时代的检察工作“+”法》，载《检察技术与信息化》2015年第4辑。

状已经不能适应新形势对我们的要求，主要表现为：（1）现行司法体制模式，案源缺乏、人才流失、人员技能下降严重阻碍技术工作的发展；（2）培训机会少，知识更新慢，技术人员与新理念、新思想、新技术及前沿科学接触不深、掌握不够，造成各项技术工作的开展欠缺前瞻性、创造性；（3）技术工作受重视程度不够，不能充分发挥技术监督的法律职能。如技术性证据审查工作，因立法缺陷和认识不足，导致送审率低、送审案件质量差、随意性大，很多地方存在有考核则紧、无考核则松，甚至为考核而“刻意”去做的现象。

3. 检察改革赋予我们构建技术工作一体化机制的机遇。根据检察改革精神，检察机关将实行省级以下检察院人、财、物统一管理，现有检察人员将分为检察官、司法辅助人员和司法行政人员三类，技术人员将被划分为检察辅助类人员，待遇低于检察官，一些有能力、有条件的技术人员将考虑转岗甚至跨行。这种背景下，有必要统一调配全省技术资源，优化管理技术人员，实现优势集中、门类互补，保证技术工作有创造力、技术队伍有战斗力、技术案件有影响力。

4. 构建技术工作一体化机制能够切实有效提升检察技术工作质效。对全省技术案件统一管理，技术人员统一调度，技术设备统一协调，形成资源共享、各具特色、上下一体、合力服务的技术发展格局，能够增强全省检察机关技术办案能力，从而使技术工作适应修改后刑事诉讼法的要求，适应提高办案效率和科学水平的要求，适应技术工作自身有为有位的要求。

二、构建技术工作一体化机制的方法

1. 建立检察技术人才库，统一调配，分类培养。

目前，全省各地、各级院均处于技术门类人才转岗、老化、技术人才严重缺失、发展不均衡等制约检察技术工作发展的现状，解决这一问题的核心是留住人才。省院建立一个覆盖全省范围的技术人才库，将有资质、业务能力较强的专业技术人员入选人才库，按专业分类别、按职级（或技术职称）分层次管理，并在人员转岗、人员培养、人才引进等方面作出明确的制度保障、条件限制及相应待遇规定，让技术人才在各自岗位上留得安心、待得放心。

在此基础上，省院应当针对检察技术工作的特点，加大对专业技术人才的教育培训力度，针对不同层级的院，要有计划、分层次、多方面地抓好日常学习和培训，使其拓宽知识面、增长技能，不断提高能力和水平，适应检察技术工作发展的需要。如定期举办专业性地讲座、培训，并聘请高等院校的学者、专家，或具有高水平业务素质的公检法司机关同行、领导进行授课、指导。

2. 打造技术案件云平台，统一、合理分派任务，实现全省人才资源共享。

以省院司法鉴定中心为核心枢纽，探索研发“检察机关技术办案云平台”，针对全省范围内的各专业技术案件，合理规划、统一分派，从体制上解决各地司法鉴定人员数量少、分布不均、司法鉴定案源增长不平衡的问题，确保司法鉴定委托和协助需求都能够得到有效的技术支持，及时、稳妥地解决司法鉴定问题。

以检察机关技术办案云平台为主线，整合全省现有的心理测试、文件检验及法医检验等实验室资源，综合、协调开展全省技术案件的办理。这样，全省检察技术形成统一管理、优势互补、分工协作的工作格局，以整体优势弥补人员缺口、以规模优势提升鉴定能力。

3. 制定技术上下一体化工作机制，统筹调配、统一协调上、下级院技术资源和人员。

发挥省院司法鉴定中心的优势，共享案件资源和业务管理资源，共享实验室设备和数据库资源，共享理论研究和专业培训资源。在省级以下检察院统一管理模式下，让各地、各级技术部门都加入“检察机关技术办案云平台”这个“朋友圈”，遇有疑难复杂案例，一方面，由案发地技术部门及时将案件发布到“朋友圈”，另一方面由省院领导、专家牵头，以案发地为中心，召集周边兄弟检察院相关专业技术人员共同参与，这样既能做到群策群力，又是一次现场专业教学、研讨会；既能充分发挥省院专家指导、授业作用，又能全面提升基层人员的专业技术水平。

4. 横向一体化，实施技术项目布点，做到优势集中、术业专攻。

各基层院技术发展不均衡、不完善已严重制约了检察技术工作的发展，在需要技术支持时，如技术性证据审查、电子取证、文件检验等，往往造成有人无案或有案无人的局面。实施区域性技术力量协作机制，以基层院间技术力量的横向共享为基础，统一收案、归口分派，在提高技术办案质量的同时，又做到了人有案办、案有人办。如笔者所在的江苏省扬州市人民检察院，实施技术项目布点工作机制 3 年多来，通过整合全市技术力量，分工负责，成功办理了多起有影响、有难度的技术案件，技术为业务起到了关键支撑、技术与业务实现了深度融合。[①]

与此同时，各级检察院需进一步完善检察技术部门与业务部门协作配合机制。以高检院发布的法医、文检、司法会计等相关工作细则为蓝本，结合本地工作实际，制定出切实可行的技术案件办理流程、部门协作机制、对接机制，并结合文件、考核等手段加以规范，以此杜绝因人为因素导致的技术案源流失、因工作机制导致的案件办理滞后、超期等现象。

三、实现技术工作一体化面临的问题与解决对策

1. 技术人员互联网思维理念薄弱影响一体化机制建设。互联网时代，实现检察技术工作一体化，关键是开发新型、实用的技术数据平台，无论是人才库、云平台还是数据资源库，都需要专业的 IT 人才参与进来、共同研发。这就要求我们检察技术人员牢固树立“民主、开放、参与”的互联网思维，注重基于互联网的特征来创新和改进工作，克服消极防范心态和本领恐慌，创新思维，多与专业 IT 人才深入交流、良性互动，向其学习前沿技术用于推动技术工作的创新发展。[②]

2. 技术人才缺位、技能下降影响一体化机制运行。再好的体制建设也离不开专业人员来应用、管理，然而目前检察机关技术人才的现状是人才难招、难留、难培养，主要原因无外乎工作繁杂、职级解决慢、职称评定难及经济待遇不能反映其工作技术含量，再加上即将实行的检察人员分类改革，这些都会影响技术人才的引进、培养、成长、定型，都是检察机关实施科技强检战略进程中必须

①参见江苏省人民检察院检察技术处:《杭州市院技术处构建三个机构提升技术办案能力》,载《江苏检察技术工作动态》2015 年第 27 期。

②参见贺德银:《“智慧检务工程”之探讨》，载《检察技术与信息化》2015 年第 4 辑。

加以解决的问题。我们可以通过建立引进具有责任感、高素质、有才能的人才机制以及逐步增加现有技术人员学习、培训、实践机会来提高实战技能这两个方面，以“增加数量、提高质量”两头并举的方式解决人员少、技能逐步下降的问题。

3. 院与院、部门与部门之间的相对封闭影响一体化机制保障。大数据库建立后，需要不断完善、更新才能充分发挥其应有的作用，然而现行工作体制下，很多单位的数据整合不起来，部门分割，一个部门的数据另一个部门拿不到，相互之间没有一个共享机制。如自侦案件中涉及的司法会计审查、电子证据分析等工作，自侦部门会以保密、不宜公开为由，不愿将相关线索与技术部门共享，无形中造成了技术案源流失甚至腐败案件办不透、办不深、办不大。这就需要我们所有的检察人员要有大局意识，不能因小地盘影响大格局、因小利益影响大发展。我们应该意识到，数据共享是大势所趋，其带来的不是个人利益的损失，而是多方共赢的局面。

新的时代要求我们思想上要有新的理念指导，行动上要有新的体制依据，科技强检不是一句口号，它要求我们科技人员不断创新、锐意进取，通过提升个人技能、优化工作体制不断推动检察技术的发展，让科技应用工作从辅助、补充逐步发展到加强、引领检察工作。▲

试论检察技术信息化建设与“以审判为中心”的诉讼制度改革

文 | 湖北省宜昌市兴山县人民检察院　李云

党的十八届四中全会通过的《中共中央关于全面推进依法治国若干重大问题的决定》明确提出要“推进以审判为中心的诉讼制度改革”。以此进一步明晰了防范冤假错案、落实人权保障、实现司法公正的改革初衷和根本目的。[①] 在当前深化司法改革的背景下，诉讼制度的改革被赋予极为丰富的内涵，为检察机关的检察技术与信息化建设提出了新的更高要求。

一、检察技术与信息化建设面临新需求

当今时代，信息化快速推进，给人类生产生活方式带来深刻变革，人类社会正从工业社会迈入信息社会。[②] 在这样的时代背景下，充分运用现代科技手段，增强法律监督工作的科技含量，是检察工作紧跟时代步伐、不断发展进步的客观要求。检察技术与信息化建设是新形势下检察机关的一项系统工程，也是加强“科技强检”的重要组成部分。加强检察技术与信息化建设步伐，是检察机关适应时代发展要求，提高法律监督能力，更好地推进“以审判为中心”的诉讼制度改革的客观需要。

1. 检察技术与信息化建设符合“以审判为中心”的诉讼制度改革对效率的要求。效率已成为衡量一个国家司法活动是否科学与文明的重要标准之一。检察工作作为司法活动的一项重要组成部分，也应该以实现其效率为目标，检察效率的提高直接关系着整个司法

①参见李怀胜:《四中全会提出诉讼制度改革　强化审判为冤案“纠错”》，载《法制晚报》2014 年 11 月 13 日第 2 版。
②参见佚名:《世界信息化大趋势：技术进步和应用创新互促》，载《人民日报》2013 年 1 月 14 日第 2 版。

活动的及时性、权威性、公正性，具有十分重要的意义。[①]检察技术和信息化工作在突破侦查“瓶颈”，收集、固定证据，核实、展示案件证据，管理案件运行和考核检察业务等方面发挥了重要作用。科技强检要求应用科技手段对现有检察工作进行系统化的变革，彻底改变过去传统办公、办案方式，将信息化融入检察工作中，最终使无纸化、远程化、智能化办公、办案成为现实。这种工作方式的改变将带来信息获取、交流、处理手段的改变和速度的加快，使检察机关工作效率得到革命性的提高，以适应“以审判为中心”的诉讼制度改革对办案时效的要求。

2. 检察技术与信息化建设符合“以审判为中心”的诉讼制度改革对质量的需求。检察技术与信息化建设不是孤立的，而是与其他各项检察业务相结合的系统工程，检察技术与信息化建设与检察业务软件相结合，运用信息网络，网上办公办案，网上预警督办，提升工作质效；检察技术与信息化建设与反贪、反渎、控告申诉、刑事执行检察等部门相结合，运用新技术发现案件、突破案件、综合评估、智能分析、固定证据，使案件立得住、诉得出、判得了，以充分发挥好打击职务犯罪的职能作用维护司法公正；检察技术与信息化建设与庭审规范化相结合，科学指认、技术鉴定、多媒体示证，有证举在庭上、有证辩在庭上、有证质在庭上，有证认在庭上，科学确凿的指控犯罪；检察技术与信息化建设与队伍建设相结合，普及信息知识，资源共享在网上、学习培训在网上、文书签批在网上、交流学习在网上，干警素能得到提升，确保有一支高水平的检察官队伍。检察技术与信息化建设与检察业务的有机结合，为“以审判为中心”的诉讼制度改革提供了质量保证。

3. 检察技术与信息化建设符合“以审判为中心”的诉讼制度改革对公开的需求。深化检务公开是建设中国特色社会主义检察制度的必然要求。[②]深化检务公开，必须牢固树立“以公开促公正，以透明促廉洁”的理念，坚持“依法、全面、及时、规范”和“公开是原则，不公开是例外”的原则[③]，保障人民群众对检察工作的知情权、参与权、表达权、监督权。在检察技术与信息化建设中，通过构建检察信息共享平台，加大了通过新兴媒体深化检务公开的力度。通过加强门户网站建设，让社会各界进一步了解、支持检察工作。通过对网络舆情的公开回应，建立了良性互动参与机制。通过建立网上案件查询系统，让群众足不出户即可查询所关注案件的相关信息。检察技术与信息化建设以公开促公正，以公正赢公信，提升了社会公众对法治的期望和信任，为“以审判为中心”的诉讼制度改革奠定了群众基础。

二、检察技术与信息化建设面临新挑战

随着检察机关法律监督职能的不断加强和“科技强检”步伐的加快，检察技术与信息化建设在整个检察业务中发挥的作用越来越明显。在“以审判为中心”的诉讼制度改革中，检察技术与信息化建设将面临诸多挑

①参见陈丽婷:《对提高检察工作效率的几点思考》，载《企业导报》2012年第2期。
②参见张国臣:《深化检务公开维护公平正义》，载《河南日报》2014年1月24日第1版。
③参见王治国、戴佳、徐日丹:《坚持以公开促公正　以透明促廉洁　不断提高严格公正廉洁执法水平》，载《检察日报》2013年6月29日第1版。

战，传统观念与新执法理念相冲突，职能定位与现实工作需要有差距，管理方式与履行职责不适应等难题急需破解，这需要检察机关直面存在的问题。

1．人才队伍面临挑战。推进“以审判为中心”的诉讼制度改革人才队伍是关键。检察技术与信息化队伍在历次检察改革中都受到影响，这是吸收人才、留住人才的一大问题。一方面，现有信息技术人员远远达不到检察机关工作的要求。近年来，检察机关招录人员，一般以善长法律知识的人员为主，招录检察技术和信息化方面的专业型人才较少，高层次人才储备较为短缺。另一方面，现有的信息技术人员流失严重，转岗从事其他检察业务工作人员较多。信息技术人员同时具有检察官身份并千方百计享受检察官待遇与社会重视专业技术人员的现状严重背离，要培养熟悉检察业务的专业技术人才需要时间和实践的磨砺。[①] 如何吸引人才并留住人才，是检察技术与信息化建设要解决的首要问题。

2．领导决策面临挑战。就检察技术的常规业务而言，随着专业鉴定机构的兴起，业务大幅缩减。但是，近年来对检察技术工作力度加大，要求提高。信息化是新生的事物，在管理层尤其是决策层缺乏懂技术、懂信息化建设的专门人员，从而导致管理决策层对检察技术和信息化工作的认识程度不高，决策的前瞻性有限，信息化建设停留在满足当前需要的初级状态。由于管理层具备检察技术与信息化专业知识的人员较少，组织技术与信息化工作的重任，实际上是落在了技术信息化部门的肩上。技术信息化部门从规划设计到具体建设都要包揽，人力资源保障严重不足，不能很好地为管理层决策提供科学依据，信息化建设存在盲目性。同时，检察技术信息化部门只是检察院内部诸多部门中的一个，主导技术信息化建设的职能只是在近几年才逐渐明确，缺乏科学的职能定位和考核机制，技术人员无权参与管理层面的决策，管理层又无法有效地对信息化工作进行检查督促和考核奖惩，这是技术信息化工作存在问题的重要原因。

3．思想观念面临挑战。随着全球信息化建设的不断加快，信息化已成为推进检察工作向前发展的重要建设任务。[②] 信息化推行至今，检察系统仍有相当比例的管理者对信息化的认识和应用水平较低，部分检察人员在思想观念中仍然存在只须懂法就足以胜任检察工作的偏见，对信息化的认识仅仅停留在电脑打字、上网浏览信息等较低层次的运行，没有真正实现智能化、科学化的办公、办案。部分检察人员对检察信息化的范围、内容以及信息化建设的意义认识不足，对于如何将信息技术融入检察业务中、如何利用信息化强化法律监督的力度、如何运用信息化实现检察工作的创新发展理解不够。由于思想观念的落后，法律监督领域的开发应用严重不足，检察人员的整体信息技术水平令人担忧。可见，强化所有检察人员的信息化意识观念是信息化建设的前提条件和成败关键所在。[③] 检察人员尤其是检察管理人员更需要强化信息化的学习意识、风险意识和主体意识。

①参见易广辉、董崇禄：《检察技术人员应当具有检察官和技术官双重身份》，载《中国检察官》2008 年第 1 期。
②参见肖玮、张立、李明耀：《曹建明在全国检察机关技术信息工作会议上强调：大力加强检察技术和信息化工作 推动科技强检战略全面深入实施》，载《检察日报》2009 年 11 月 3 日第 1 版。
③参见林文声：《我国中小企业管理者需要强化的信息化意识观念》，载《华东经济管理》2007 年第 4 期。

4．管理机制面临挑战。在检察技术和信息化的建设中，制度建设是保障。信息化为检察工作提供了科学、便捷、智能化的管理工具和手段，但信息化不是万能的，还要靠制度去保障和规范使用者的操作行为。建立设备和资源的保管、维护、使用制度，建立经费投入和保障机制，建立科学评价与反馈机制来确保信息系统的应用是检察技术和信息化建设的重要内容。① 在检察技术和信息化建设的过程中虽然制定了许多管理的制度与条款，但这些制度与条款多带有行政色彩，其中一些规定本身并没有认真考察检察技术和信息化建设的客观实际，只是单纯参照以前的行政规定来制定。所参考的行政制度本身由于起草者、决策者认识、学识的局限性大都脱离检察技术和信息化建设实际，不仅不适应本单位检察技术和信息化的发展，缺乏可操作性，而且因为制定时的时效性、前瞻性严重不足而引发出了大量的现实问题。在检察系统内部，信息化应用相关的考核机制也不够完善，绩效考评时对检察技术和信息化应用方面的考评没有很好地开展，对开展信息化应用缺乏相应的奖惩措施，这些都阻碍了信息化应用的进一步开展。

5．信息安全面临挑战。随着国民经济对信息网络和系统的依赖性增强，网络安全成为关系经济平稳运行和安全的重要因素。当前，我国重要信息系统和工业控制系统多使用国外的技术和产品，这些技术和产品的漏洞不可控，使网络和系统更易受到攻击，致使敏感信息泄露、系统停运等重大安全事件多发，安全状况堪忧。② 就检察系统而言，随着全国检察机关统一业务应用系统的投入使用，检察机关已达到了检察人员人手一机的标准，但由于管理、技术、经费等诸多原因，相应的规范操作运行机制还不健全，网络信息安全和防病毒能力较为薄弱。长期以来，技术人员依赖于简单的软件以防范网络安全事故，管理人员对防止外部“黑客”侵入和内部网络安全泄漏工作的重视和管理也不到位，少数检察人员对网络安全防范意识不强，检察技术和信息化建设潜在的安全隐患不容忽视。

三、检察技术与信息化建设面临新突破

科学技术是第一生产力。向科技要效率，向科技要质量，向科技要公信力，是检察工作的重要发展方向。③ 检察技术与信息化建设的目标就是以信息技术为核心，加大现代科学技术在检察工作中的含量，提高办案水平和工作效率，逐步实现办公自动化和办案现代化。在推进“以审判为中心”的诉讼制度改革中，检察机关应牢牢抓住信息化建设这个关键，突出信息化建设这个工作重点，狠抓信息技术的硬件建设、软件建设、网络建设和安全防范④，提高科技强检的能力和水平，推动检察工作不断向前发展。

1．突破人才“瓶颈”。检察技术与信息化科技含量较高，需要培养造就一支高素质、高水平的专业人才队伍，才能适应检察技术和信息化建设的需要。因此，检察机关在人力资源的配置上，一要引进人才。要通过扩

①参见杨大赛:《完善的信息化管理制度是信息化建设的保障》，载《中国信息化》2008年第21期。
②参见侯云龙:《全球网络主导权争夺烽烟骤起》，载《经济参考报》2012年2月9日第1版。
③参见赤列加措:《关于对加快科技发展强化执法保障的几点思考》，载《西藏科技》2004年第2期。
④参见郭彦:《实现检察信息化创新发展的路径》，载《检察日报》2011年4月24日第3版。

大技术人员招录计划、优选专业人才等措施，把技术精、有责任心和热爱检察事业的技术人才充实到检察队伍中来。二要培养人才。在人才引进不足的情况下，要立足自我，从实际工作、实际应用出发，采取“请进来、走出去”的方式，加大全员培训力度，努力提高全体检察人员的信息化素质，对基础检察技术知识进行科普。三要整合人才。最高人民检察院要建立检察技术信息化专家库，省级检察院要建立检察技术信息化人才档案，地市一级检察院要建立检察技术信息化人才团队，基层检察院要固定专门的技术人员，充分利用现有人才资源，互补互助，实现上下级检察机关的人才共享。四要管好人才。在检察人员分类管理的大背景下，要推行专业技术人才的单独系列管理①，彻底改变用检察员身份培训、考核、奖惩专业技术人员的现状，重新分类、评定等级、享受待遇、合理奖惩，营造适合检察技术和信息人员发展的空间，保证信息技术人才进得来、留得住、用得好、有发展。

2．科学宏观决策。检察技术与信息化建设是一项高技术、高投入、高效能的现代化基础工程，检察机关要充分利用现代信息技术，实现科技强检战略。一要加强组织领导。要切实把检察技术和信息化建设作为“一把手”工程来抓，成立由检察长亲自挂帅的信息化领导小组，自觉地从思想观念、管理方式、运行机制等方面适应信息技术发展的要求，把信息化建设工作摆上优先发展的位置。在省级以上的检察机关管理层应该配备一名比较熟悉检察技术与信息化建设的班子成员，在地市及基层检察院涉及检察技术与信息化建设的决策事宜，应该听取检察信息技术人员的意见。对争议较大的决策事宜，应该层报上级检察机关适时召集专家团队进行讨论，使决策更民主、更科学。二要加强工作指导。检察技术和信息化部门负责对各部门的应用进行管理，要更新观念，积极探索检察技术信息化与办公、办案等工作的有机融合。要定期培训、定期检查、适时督察、及时通报并考核奖惩，以发挥好检察技术和信息化部门的管理、服务和综合协调职能，确保检察技术和信息化系统健康、高效、安全运行，充分发挥其效能。三要加大装备投入。要契合最高人民检察院关于检察技术信息化建设的精神，制定短期、中期、长期发展计划，加强装备更新，提升办公、办案的科技水平。在司法改革深入推进的当前，要重点把握经费省级管理的机遇②，勤请示、常汇报，科学编制建设预算，筹措充足资金，高标准进行检察技术和信息化建设。要加快司法鉴定机构的建设步伐，加大司法鉴定工作力度，省级以上检察院要建立业务门类齐全的司法鉴定中心③，有条件的地市级检察院要建设辐射辖区的司法鉴定实验室，以提高检察机关司法鉴定的整体实力，为推进“以审判为中心”的诉讼制度改革中的技术认证和鉴定人出庭质证打下基础。

3．熟练业务应用。推进检察技术与信息化建设的目的在于利用信息化手段不断提高检察工作水平，更好地服务经济社会发展。检察机关要坚持“以需求为导向，以应用促

①参见李昭元：《检察技术人员应实行专业化管理》，载《检察日报》2014年8月13日第3版。
②参见宋征：《检察院经费预算应采取何种方式》，载《检察日报》2013年12月27日第3版。
③参见周薇、胡颖异：《省检察院司法鉴定实验室认可工作启动》，载《潇湘晨报》2010年2月23日第2版。

发展”①，努力把建设与应用有机地结合起来。一要树立质量意识。在省级行政装备部门和技术信息化部门的共同组织下，要高标准完成分级保护、检察业务应用、同步录音录像、技术侦查、数据分析等信息系统，严格验收环节、严格使用管理、严格审批程序、严格责任追究，更加有效地开展信息化建设工作，为推进“以审判为中心”的诉讼制度改革奠定物质基础。二要助推业务办案。在案件线索收集阶段，要依靠网络舆情监控系统收集线索，发现职务犯罪案源。在线索分析研判阶段，要应用新兴技术手段利用侦查信息化平台获取隐蔽信息。在案件初查阶段，要善于运用电子证据技术获取手机、电脑及网络上存储或销毁的案件证据。在案件侦查阶段，要利用心理测试等技术甄别证据材料、指明侦破方向以深挖案情。在侦查终结阶段，要按照同步录音录像的规范要求对案件本身进行证据固定。通过检察信息技术在发现、研判、初查、侦破和结案等各个环节的充分运用，为推进“以审判为中心”的诉讼制度改革提供信息化支撑。三要发挥资源优势。最高人民检察院要加大软件开发力度，研发更加切合检察工作实际的运用系统，实现检察各项工作的信息化。各级检察院要坚持以业务工作为中心，特别是当前投入使用的全国检察机关统一业务应用系统，要不断运用信息化手段解决执法过程中存在的薄弱环节，解决执法办案中的突出问题，提升检察机关的执法公信力。四要推行目标管理。要确立符合检察工作实际的检察技术和信息化目标，分层设计、分步实施，实现思想教育网络化、行政管理数字化、业务办案智能化、内外监督透明化，推动检察技术和信息化应用工作的全面、均衡发展。

4.完善体制机制。从体制层面来看，检察技术和信息化部门只能加强不能削弱，在地市以上的检察机关，要逐步实现检察技术和信息化部门的分设，以适应司法鉴定工作与信息化管理工作的同步发展。适应分设的需要，在人、财、物的保障上要充分体现责、权、利一致的原则，全面保障检察技术和信息化建设、维护和运行的需要。从机制层面来看，完善检察技术和信息化管理机制，要通过与法律监督工作的结合，与其他办公、办案部门的沟通配合，总结出一套完善的检察技术和信息化管理规范。不仅要建立检察技术和信息化部门内部的管理制度，而且要建立整个检察技术和信息化应用的管理规范。从管理层面来看，对检察技术和信息化领导组织结构应有明确定位，应该按检察技术和信息化分工和应用来确立检察技术和信息化领导小组，而不是单纯从行政层面来划分。对检察技术和信息化的长远发展规划必须考虑检察技术和信息化人员以及专家的咨询意见，建立一套完整的规划设计方案，变领导决策为科学决策，变请示报告为可行性分析报告。

“以审判为中心”的诉讼制度改革是司体制改革的重要内容。检察技术和信息化建设在“以审判为中心”的诉讼制度改革中居于重要地位，大胆创新，改变传统办公、办案模式，加强检察技术和信息化建设，不断提高检察技术和信息化建设的层次和水平，全面推进检察机关各项工作的规范化，推动检察工作创新发展。▲

①佚名:《科技部:以需求为导向　以应用促发展》，载《信息化建设》2010年第12期。

富士施乐彩色激光打印机暗记特征研究

文 | 最高人民检察院检察技术信息研究中心　周颂东　李佳
上海市人民检察院　王洁　张卫国

一、引言

很多型号的彩色激光打印机都会在打印页面上添加按特殊规律排列的黄色小点作为追溯打印文件来源的暗记特征。这一现象最早是由美国电子前沿基金会（EFF）在2005年发现并报道①，并迅速引起了国内文检领域研究者的关注。但是由于缺乏充足的打印样本和高效的分析手段等原因，对于上述暗记特征的研究进展缓慢，限制了其在文检实践中的应用。本文收集了大量富士施乐彩色激光打印机的打印样本，并采用一种新的分析工具和方法全面深入地分析了该品牌彩色激光打印机暗记特征的点阵结构，提出了该类暗记特征的检验程序，为实践应用提供了理论依据。

二、研究方法

由于各打印机制造商将暗记特征作为秘密不对外公开，因此要将暗记特征应用于文检实践就必须采用逆向分析的方法，通过对不同型号、不同机台、不同时间的打印样本进行比较归纳，厘清每种品牌彩色激光打印机暗记特征的点阵结构。此前的研究倾向于对多种品牌的彩色激光打印机的暗记特征进行概括性的论述，针对单一品牌收集的样本较少，因此其结论还不足以支撑实践应用。本文收集了富士施乐18种型号、22台打印机的样本，且每台打印机都多次取样（详见表1），从样本质量上保证了研究结果具有较高的可靠性。

---

① EFF Investigating Machine Identification Code Technology in Color Laser Printers, http://www.eff.org/Privacy/printers.

表1 打印机取样列表

	型号	机台数量	点阵类型
1	DocuCentre 360	1	Ⅰ型
2	DocuCentre 450	1	Ⅰ型
3	DocuCentre 1256	1	Ⅰ型
4	DocuCentre 2265	2	Ⅱ型
5	DocuCentre 3000	1	Ⅰ型
6	DocuCentre 7550	2	Ⅰ型
7	DocuCentre 8002	1	Ⅰ型
8	DocuColor 5065	1	Ⅰ型
9	DocuColor 1450GA	1	Ⅱ型
10	Apeosport 3300	1	Ⅰ型
11	Apeosport 4475	1	Ⅰ型
12	Apeosport 6500	1	Ⅰ型
13	Apeosport 7775	1	Ⅰ型
14	Apeosport 7780	1	Ⅱ型
15	C75 Press	2	Ⅱ型
16	700 Press	2	Ⅱ型
17	Versant 2100 Press	1	Ⅱ型
18	Versant 80 Press	1	Ⅱ型

另外，此前的研究通常是采用文检仪等传统方式对暗记特征进行观测，在这种观测条件下研究者很难对暗记特征的点阵结构进行深入的分析。本文采用了国内最新研发的一款专门用于检验打印文件的设备。该设备采用了智能图像处理技术，能够清晰显现打印页面上的暗记特征，并且提供了丰富的软件分析工具对点阵结构进行深入分析，大大提高了分析效率。传统方法和本文方法的观测效果如图1所示。

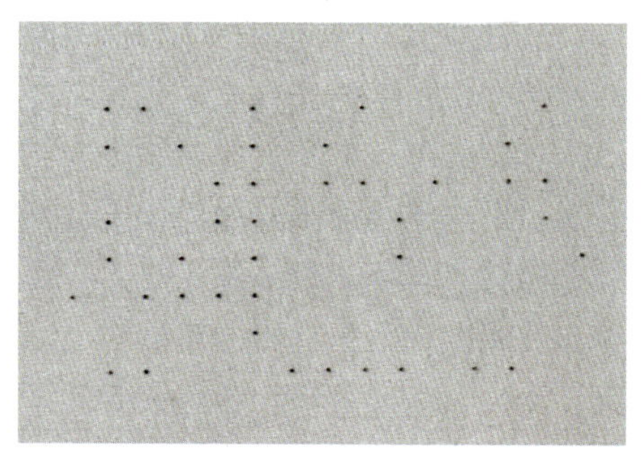

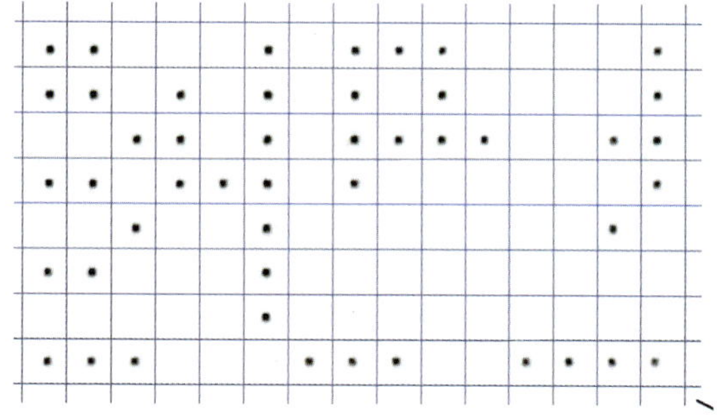

>> 图1 传统方法和本文方法的观测效果对比图

三、研究结果

通过对上述样本的分析，笔者发现富士施乐彩色激光打印机的暗记特征从点阵结构上可分为两类：以下简称为Ⅰ型和Ⅱ型。两者的异同详见表2。检验人员可以通过点阵校验行和校验列的奇偶性来区分两类点阵。图

2 是两类点阵结构的示意图，此处点阵以规范化形式表示，每个方格代表一个行列单元，黑格表示此处有暗记墨点，白格表示无暗记墨点。此前的研究主要集中在Ⅰ型点阵。EFF在2005年就提出了该类型点阵的解码方法①。国内的研究者也对上述方法进行了验证②。本文对上述方法的不足之处进行了补充和完善，同时对于此前缺乏研究的Ⅱ型点阵进行了深入的分析。

表 2　Ⅰ型和Ⅱ型点阵结构比较

点阵结构	Ⅰ型	Ⅱ型
布局方式	间隔重复	间隔重复
行列维度	8 行 15 列	8 行 15 列
校验列的点数	奇数	偶数
校验行的点数	偶数	奇数
包含打印机身份信息	包含	包含
包含打印日时间信息	可能包含	可能包含
包含其他打印信息	可能包含	可能包含
编码加密	否	是

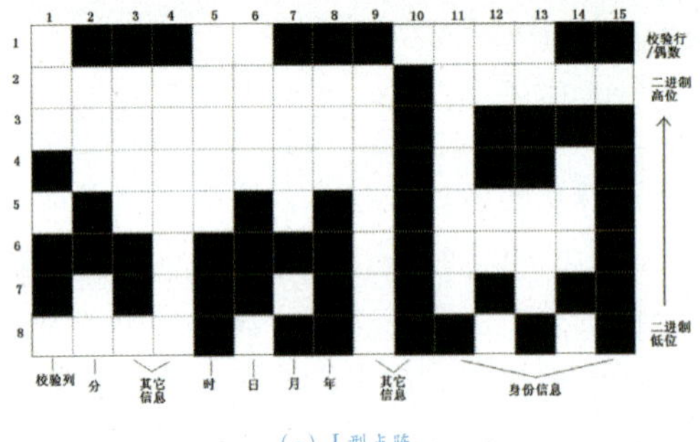

（a）Ⅰ型点阵

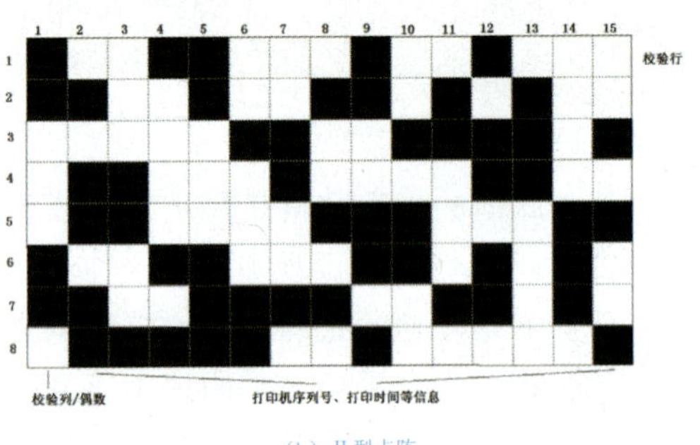

（b）Ⅱ型点阵

>> 图 2　富士施乐的点阵结构

（一）Ⅰ型点阵的结构

Ⅰ型点阵在整幅打印页面上间隔重复。单个周期的点阵为 8 行 15 列，其中包括一个奇校验行和一个奇校验列，其余部分为打印信息。奇校验是通过使每行或每列的点数为奇数来校验点阵的完整性。打印信息包含打印机身份信息（身份信息是指产品序列号以及其他在同一机台的打印样本中保持不变的信息），还可能包含打印时间信息（包括日期和时间，采用格林威治标准时间）以及其他未知打印信息，上述信息采用未加密的二进制编码。本文对 EFF 提出的解码方法有三点补充：（1）解码点阵首选需要确定点阵的方向，即确定第一行和第一列的位置。

① EFF DocuColor Tracking Dot Decoding Guide，http：//www.eff.org/Privacy/printers.

②参见刘宁、斐雷：《彩色激光打印机、复印机同一认定新方法》，载《江苏警官学院学报》2005 年第 2 期；王楠、杨旭、杜志淳：《常用彩色激光打印机打印文件暗记特征的初步研究》，载《中国司法鉴定》2014 年第 2 期。

EFF的解码方法中并未对这个问题进行说明，而笔者发现Ⅰ型点阵的校验行的点数始终是偶数，区别于其他行，由此可以确定点阵方向。（2）部分型号打印机的Ⅰ型点阵中并不包含打印时间信息。图3是Apeosport 6500的点阵，其中表示打印时间的2、5、6、7、8列不含任何信息。（3）EFF的解码方法中认为点阵的第3、4、9、10列不包含打印信息，而笔者发现部分型号打印机的上述区域在同一机台的样本中可能发生变化，由此说明该区域也可能包含除打印机身份信息和打印时间以外的其他未知打印信息。图4是同台DocuCentre360不同时间打印的点阵，其中除了表示打印时间的2、5、6、7、8列发生改变外，表示其他未知打印信息的9、10列也发生改变。

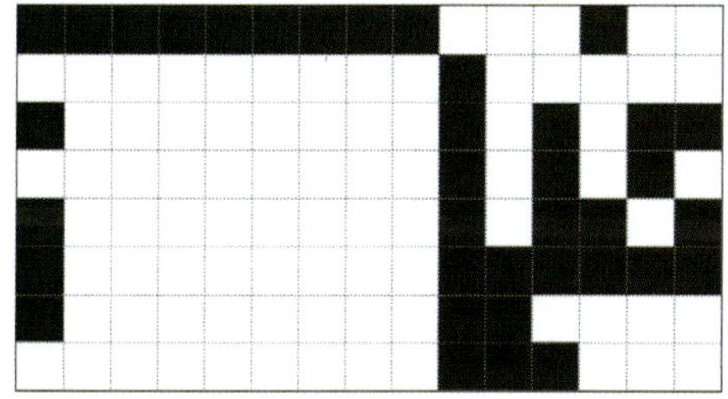

>> 图3 Apeosport 6500的点阵

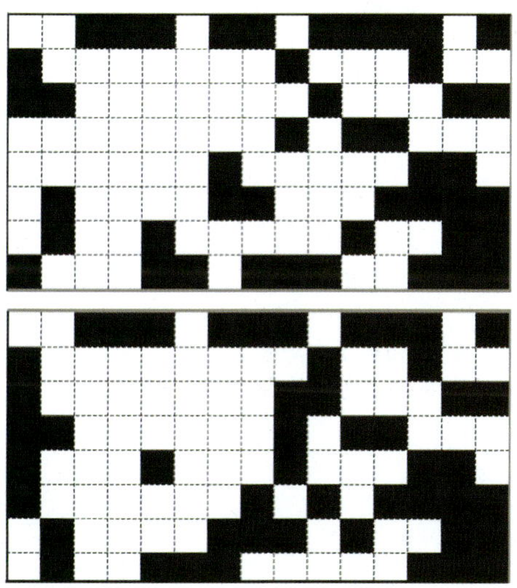

>> 图4 同台DocuCentre360不同时间打印的点阵比较

（二）Ⅱ型点阵的结构

Ⅱ型点阵在整幅打印页面上间隔重复。单个周期的点阵为8行15列，其中包括一个奇校验行和一个奇校验列，其余部分为打印信息。Ⅱ型点阵和Ⅰ型点阵的区别有两方面：（1）校验列的点数始终是偶数，区别于其他列，并以此作为确定点阵方向的依据；（2）打印机身份信息、打印时间信息以及可能含有的其他未知打印信息并非分别表示，而是经过混合加密后作为整体表示，即当打印时间发生变化时，整个点阵都会发生变化。图5是同台DocuColor 1450GA同一天不同时间打印的点阵，点阵图案完全改变。因此除非破解其加密方法，否则一般不能将此类点阵用于机台来源鉴定，但有一种情况除外：即有些型号的Ⅱ型点阵不包含打印时间信息，其不同时间打印的点阵可能保持不变。图6是同台700Press不同时间打印的点阵，点阵图案未发生改变。

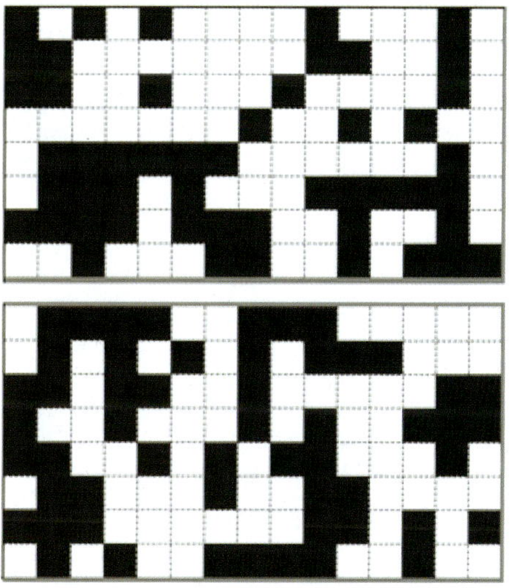

>> 图5 同台DocuColor 1450GA不同时间打印的点阵比较

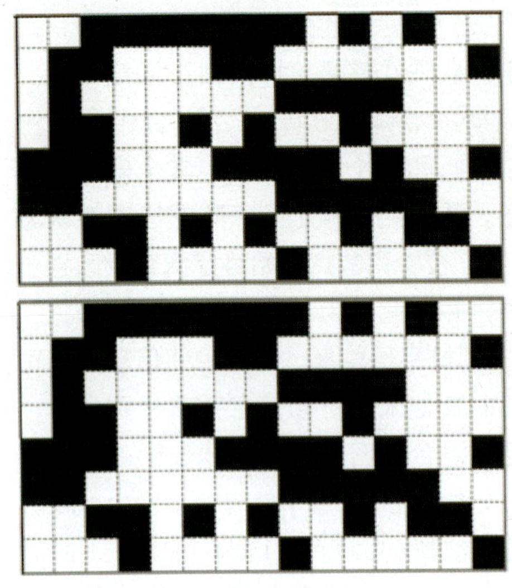

>> 图 6 同台 700Press 不同时间打印的点阵比较

四、总结

综上所述，对于涉及富士施乐彩色激光打印机的打印文件检验案件鉴定人员可以采用图 7 所示的检验流程进行机台同一性鉴定，此外还可以通过二进制译码获取部分 I 型点阵的打印日期和时间。接下来笔者将对其他品牌的彩色激光打印机进行分析，进一步拓展暗记特征的应用范围。▲

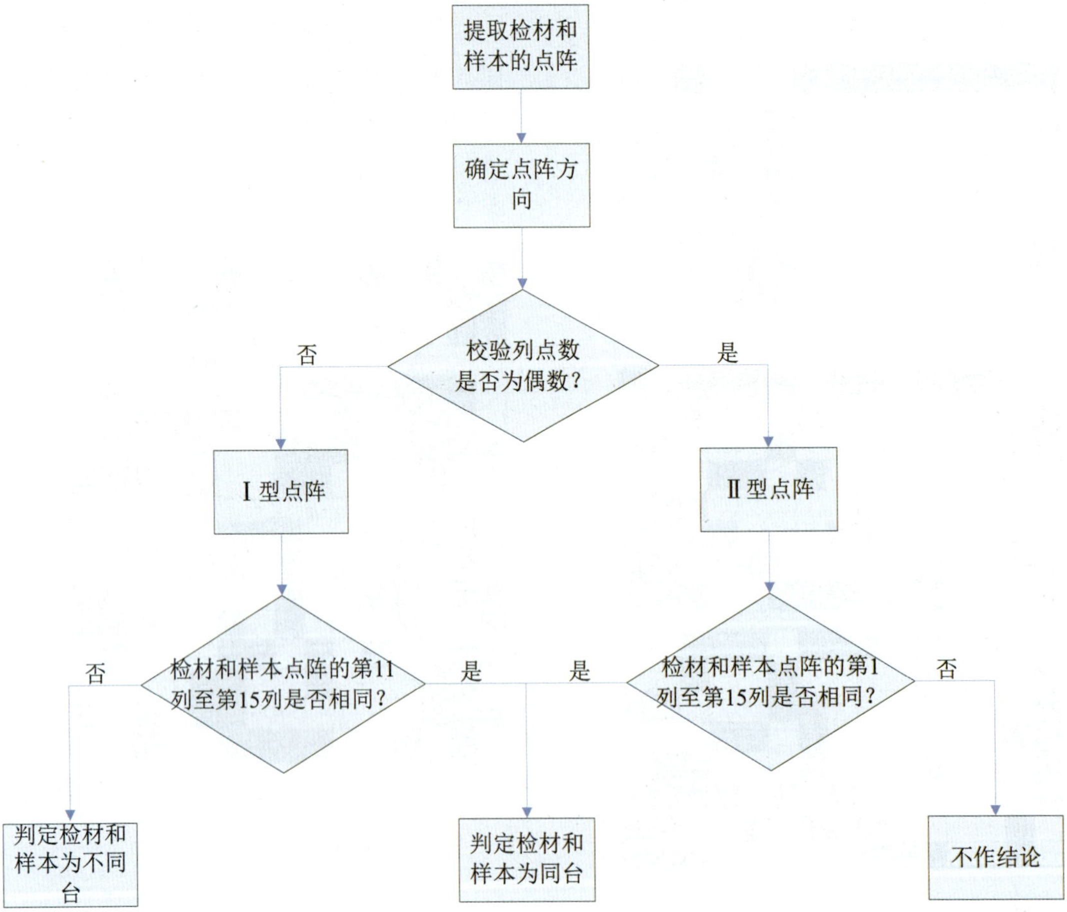

提取检材和样本的点阵

确定点阵方向

校验列点数是否为偶数？

否

是

I 型点阵

II 型点阵

检材和样本点阵的第11列至第15列是否相同？

否

是

是

检材和样本点阵的第1列至第15列是否相同？

否

判定检材和样本为不同台

判定检材和样本为同台

不作结论

>> 图 7 富士施乐彩色激光打印机的打印文件检验流程

浅探移动终端设备锁屏密码破解技术

文|广东省中山市人民检察院　黄煜庭
最高人民检察院检察技术信息研究中心　李运策
大连睿海信息科技有限公司　张延彬　王磊

一、绪论

（一）研究意义

随着电子通讯技术的日益发展，移动终端设备（手机及平板电脑）已经成为人们日常生活、工作娱乐中不可或缺的必需品，人们大量的活动轨迹及线索不再以传统物证形式而更多地以电子数据的形式存在。对保存有大量个人信息及行为轨迹的随身移动终端设备进行电子数据检验，已逐渐成为侦查工作中查找嫌疑人违法犯罪线索及固定证据的重要手段。

设置各式复杂的锁屏密码已经成为人们较为普通的习惯，随着苹果iOS和三星安卓等操作系统对安全性能的日益关注和提升，对有特殊设置的终端设备的密码破解工作显得愈加重要。如何在移动终端设备上找到有效的解决办法，已经成为迫在眉睫的研究重点。

（二）研究现状

当前在侦查工作中经常遇到的iOS、安卓等设备，都具有密码锁屏功能；同时，由于品牌、型号、系统、CPU和存储芯片的差异，导致加密方式和算法各不相同，有的是业界公认暂时无法破解的。比如，苹果手机、平板设备用户，一般会设置数字锁屏密码或者指纹锁；安卓系统设备一般会设置图形密码、PIN码锁屏密码、字母数字密码锁、指纹锁等。

经考察，市场上的以色列的“Cellebrite UFED”、瑞典的“XRY”、美国的“AccessData MPE+”、俄罗斯的“Oxygen”等国际主流及众多国内移动终端取证系统均无法解决iOS 7.x及以上版本的锁屏密码，也没有针对国产联发科CPU安卓系统及三星安卓手机在不打开USB调试模式下的密码锁解决方案。

二、移动终端锁屏密码类型

（一）iOS 操作系统终端的密码

iOS 操作系统 7.0 以下的版本提供 4 位数字密码并进行弱加密，但是通过系统硬件的漏洞可以暴力破解。iOS 操作系统 7.x、8.x 版本提供了 4 位数字密码、指纹锁密码，当指纹锁密码无法通过时，还是会提示使用 4 位数的数字密码。iOS 操作系统 9.x 版本开始提供 6 位数字密码、复杂密码、指纹锁密码。

iOS 操作系统的 4 位数字密码由 0000 到 9999，共有 10000 种组合，6 位数字密码由 000000 到 999999，共有 100 万种组合。只要输入错误密码达到 5 次，设备就会提示需要等待一段时间才能再试，如果再输错 5 次，设备就会进入停用状态。

（二）安卓操作系统终端的密码

安卓操作系统提供了几种方式用于锁定屏幕，分别是图形锁密码、PIN 码密码及复杂密码，部分高版本还提供面部识别密码及指纹锁密码。

安卓操作系统的图形锁由三行三列共九个位置的图形组成，图形锁可通过连接 4 个至 9 个不同数字产生的图形来进行设置，通过计算，4~9 位的图形锁密码一共有 985824 种组合。这些图形实际上由数字组成，比如我们在手机上设置一个 Z 的图形，实际上是存储一组 0124678 数字，对其做 SHA-1 的哈希计算，最终将 SHA-1 的哈希值储存在手机中，存储路径是 data\system\gesture.key。

安卓操作系统还提供由 4~16 位数字组成的 PIN 码及由字母、数字、符号组成的复杂密码作为高级的锁屏密码方案，通过计算，n 位的 PIN 码密码有 10^n 种组合，n 位的复杂密码有 95^n（10 个数字 +26 大写字母 +26 小写字母 +33 标点符号）种组合。由这些符号组成的密码经过 SHA-1 的加密运算后存储在 data\system\password.key 或 data\system\sparepassword.key 文件中。

三、锁屏密码破解原理

（一）iOS 操作系统

iOS 系统 7.x 及以上版本采用 AES 加密技术，采用软件方式进行暴力破解需要有量子计算机的运算能力。经研究，iPhone4、iPhone4S、iPhone5、iPhone5S 采用苹果元件通过硬件方式输入解锁密码不会触发输入错误密码提示等待时间或者停用。iOS 7.x 提供的 4 位数字密码只有 10000 种组合，只要利用不断试错的漏洞，就能实现暴力破解。利用苹果元件及单片机，组成苹果外部键盘，由单片机控制自动输入密码，可以在可接受的时间范围内对数字密码进行暴力破解。

iOS 8.x、9.x 版本已经针对这个漏洞升级，破解方法还有待继续研究。

（二）联发科安卓操作系统

联发科芯片开发环境比较开放，除支持安卓通用的 ADB 命令行模式外，还可以进入工程模式打开 USB 调试选项，支持下载模式备份全镜像文件。针对联发科的特点，采用三种解锁方法：第一种，ADB 解锁及清除密码文件；第二种，强制打开 USB 调试模式连接设备进行解锁；第三种，读取存储镜像文件并解析镜像文件中的锁屏密码文件。

1.ADB 解锁及清除密码文件

如果移动设备的 USB 调试选项处于打开的状态下，而且设备已获取 ROOT 权限，通过 ADB 命令（ADB 的全称为 Android Debug Bridge，是一个多用途的命令行工具，起到与安卓设备进行通讯的作用）。运行移动设备的 shell 命令，实现计算机和设备之间上传下载文件。通过 shell 命令将 data\system\password.key 或 data\system\sparepassword.key 文件下载到计算机本地硬盘，对其暴力破解。若破解密码需时过长，也可在此状态下直接删除锁屏密码文件，重新开机后即可解锁。

2. 强制打开USB调试模式

手机关机状态下，用数据线连接计算机，在手机处于下载模式（手机关机连接电脑的前几秒处于下载模式，如果计算机没有发送响应命令，手机会进入启动模式）解锁软件通过往手机发送AT指令（AT 即Attention，AT指令集是从终端设备或数据终端设备向终端适配器或数据电路终端设备发送的），让手机转入META模式（META mode：Mobile Engineering Test Architecture，移动工程师测试架构），软件发送特定指令让手机打开USB调试，对于打开USB调试的手机可以通过ADB模式读取密码文件gesture.key或password.key进行破解，也可以直接删除锁屏文件。

3. 备份存储镜像

手机关机状态下，用数据线连接计算机，在手机处于下载模式解锁软件往手机发送指令获取手机的CPU型号、CPU软件版本及硬件版本，根据已获得硬件信息下载相应的Bootloader文件（Bootloader是嵌入式系统在加电后执行的第一段代码，在它完成CPU和相关硬件的初始化之后，再将操作系统映像或固化的嵌入式应用程序装载到内存中然后跳转到操作系统所在的空间，启动操作系统运行）到CPU的缓存中。启动Bootloader获取手机存储芯片的型号以及容量，发送读取命令把存储芯片全部数据备份成镜像文件，然后从镜像文件中解析密码文件数据，采用暴力破解的方式进行破解。

（三）三星安卓操作系统

三星安卓手机支持通用的ADB命令，支持Modem方式和手机进行数据交互，支持手机在Download模式下刷入文件，支持按住手机组合键进入Recovery模式。针对三星手机的上述特点整理出三种解锁方法：第一种，ADB解锁及清除密码文件；第二种，通过Modem模式解锁及清除密码文件；第三种，通过Recovery模式解锁及清除密码文件。

1.ADB解锁

在安卓系统4.3以下版本的三星移动设备，如果设备的 USB调试选项处于打开的状态下，而且设备已获取ROOT权限，通过ADB命令运行移动设备的shell命令，实现计算机和设备之间上传下载文件。通过shell命令将 data\system\password.key 或 data\system\sparepassword.key文件下载到计算机本地硬盘，对其暴力破解。当无法破解密码时，在此状态下直接删除锁屏密码文件，重新开机后即可解锁。

2.Modem模式解锁

安卓系统4.3以下版本的三星移动设备，连接到计算机会在设备管理器里出现一个Modem端口（4.3及以上版本已修复这个漏洞），也能控制这个端口通过AT命令集启动文件传输协议m-obex，在m-obex下对文件系统进行管理，获取锁屏密码文件gesture.key或password.key，然后进行暴力破解。或者在m-obex下直接删除锁屏密码文件gesture.key或password.key，直接清除锁屏密码。

3.Recovery模式解锁

Recovery模式指的是一种可以对安卓设备内部的数据或系统进行修改的模式（类似于Windows PE或DOS）。在这个模式下可以刷入新的安卓系统，或者对已有的系统进行备份或升级，也可以在此恢复出厂设置。

安卓系统4.3及以上版本，增加了连接计算机信任机制，必须解开锁屏密码才能进行信任操作，未进行信任操作的安卓移动设备无法进行 ADB 和 Modem 通讯。由于三星移动设备支持 Download 模式下刷入三方 Recovery 固件，可以不启动操作系统绕过信任机制对移动设备进行管理。

刷入三方 Recovery 后，进入 Recovery 模式，此时手机的 USB 调试处于打开状态，可以通过 shell 命令将密码文件下载到计算机本地硬盘进行暴力破解。对于在第三方 Recovery 下不支持 shell 命令的部分三星移动设备，可以通过 Recovery 模式的备份功能把文件系统备份到扩展存储卡，继而对密码文件进行破解。

四、结论

结合大量的实机测试，对于国内的 iOS 移动终端、联发科芯片移动终端、三星品牌移动终端，以上述手段可以在各种情况下破解锁屏密码或绕过锁屏密码。但其他暂时未能破解的机型，则需要借助拆除芯片提取等手段来实现数据的提取。▲

【参考文献】

[1] 王即墨、计超豪、裴洪卿:《Android 智能手机锁屏密码及破解方法研究》，载《刑事技术》2015 年第 2 期。

[2]http://baike.baidu.com/link?url=3UQ33EKOigu9XUCWp2uTyZyLlYkTQCrq15qn_3w1RafG_swRE4u-Ytd1vAOCvOPYaK9ar9UGmWffgFw6rZmvXq.

[3]http://baike.baidu.com/link?url=ZZO9BLBE-2ZdDUvlUea5uun-uXW9POntOXDEqgKXJrUFZGkrFSpdvLeU-bCaGhXYVhPSqaD5CoCpA62o8iN1TtJ61ctpKxrlZ71OTDJzeY7.

[4] 王桂强:《手机物证检验及其在刑事侦查中的应用》，载《刑事技术》2006 年第 1 期。

[5]http://www.oxygen-forensic.com/download/pressrelease/PR_FS2011_ENG_2011-10-31.pdf.

[6] 丁锰、康艳荣、黄冬:《一种获取 Android 应用程序密码的方法》，载《中国人民公安大学学报(自然科学版)》2014 年第 4 期。

[7] 丁红军、范玮:《手机物证检验原则》，载《刑事技术》2012 年第 3 期。

[8]《智能手机的密码总共有多少种》，载果壳网，网址 http:/ /www.guokr.com/article /49408 /。

[9] 孙奕:《Android 安全保护机制及解密方法研究》，载《信息网络安全》2013 年第 1 期。

[10] 唐诚:《枚举 Android 系统九宫格密码》，载《厦门城市职业学院学报》2013 年第 2 期。

[11] 宣明:《数学建模与数学实验》，浙江大学出版社 2010 年版。

[12] 孙义欣、冯娜:《穷举法在程序设计中的应用》，载《计算机时代》2012 年第 8 期。

电子示证技术指要

文 | 湖北省宜昌市远安县人民检察院　陈强
湖北省宜昌市人民检察院　夏远胜
湖北省宜昌市三峡坝区人民检察院　苗青

多媒体概念至少在 20 世纪 80 年代就已经提出，因为最早的计算机界面是经典黑底白色文字界面，通过计算机技术表达声音和图像在当时看来非常新颖稀奇，于是多媒体概念得以流行并被社会所接受。但当前计算机技术，声音、图像、视频已经是司空见惯的标准配备，多媒体概念本身已经显得过时，用“电子示证”代替“多媒体示证”，更加简洁，也更具时代感，还具有更加丰富的外延。

自 2013 年起，宜昌市公诉专案组共出庭公诉重大案件 85 件，其中包括具有较大社会影响的郭某案，全部使用电子示证技术并取得了良好的法律效果和社会效果，受到了社会各界和各级领导的高度好评。公诉技术专班自成立以来，在规范建立、设备选购、素材准备、示证材料制作、出庭保障等方面作出了较好的成绩，现介绍如下：

一、规范建立

公诉技术专班建立的规范，包括工作规范、技术规范和保密相关规范。规范本身可以不断修正成熟，但规范一旦建立，必须按章行事。

（一）保密规范

重大案件保密要求高，必须对信息网络设备做好安全保密管理，杜绝泄密事件的发生。计算机网络管理基本上按照分级保护的要求进行，着重强调网络传输、存储介质、无线信号的管理。一是全部信息化设备进行标识登记，逐一落实责任人。所有设备按是否具备信息存储和传输功能，分为核心设备和外围设备两大类，核心设备包括计算机和内部网络，外围设备包括打印机、复印机、碎纸器等。二是部署杀毒软件，定期对全部计算机进行杀毒、软件升级，防止交叉感染导致病毒爆发。三是购置捍卫者软件，控制计算机 USB 口、无线网卡、蓝牙等的使用。四是使用移动硬盘，捍卫者软件服务器端授权使用，拒绝使用易丢失的 U 盘。

（二）工作规范

规范工作程序能够保证团队的效率，减少沟通成本。同样的工作方法、同样的工作结果，具体工作能够摆脱特定人员的制约。工作规范包括：人员组织形式（如顺延轮值）、扫描方法和扫描参数、电子图片统一为卷宗页码命名、统一使用同一模板，以及电子示证材料制作规范、示证同步控制规范和出庭示证应急规范等。

二、示证设备选购

为提高工作效率，适应繁重工作要求，保障出庭示证万无一失，必须选购较高档次的示证关键设备。

（一）扫描仪选购

扫描仪是将大量卷宗由纸质变为电子文档的必需工具，扫描仪的配备档次直接决定扫描效率。目前市场上的扫描仪主要有平板扫描仪和滚筒扫描仪两大类。平板扫描仪价格便宜但速度慢，不适合用于对大量卷宗的扫描；滚筒扫描仪价格高，速度快，能满足大量卷宗的扫描。高端的扫描仪从性能、功能、操作、实用等方面都有明显优势，其网络传输方式具有更大的灵活性和速度优势。高端扫描仪还在进纸出纸上做了专门优化，能够适应不同厚度、大小的纸张，卡纸、夹纸故障率明显降低。

（二）出庭示证用笔记本选购

示证材料制作要使用大量的图片文件，还会用到视频和声音文件，对计算机的运行速度和存储速度是一种考验；出庭示证更不容有失，对稳定性提出更高的要求。综合考虑，必须选购万元以上的专业笔记本电脑。

（三）其他设备

选用视频分配器，切换 VGA 信号延时小。选购捍卫者管理软件，对计算机和移动存储介质进行管理。公诉部门打印复印任务繁重，还配备了多台打印复印一体机，配备了胶装机和切纸机用于公诉书制作。

三、示证素材准备

我国刑事诉讼法规定的七种证据，可以分为纸质卷宗和视听资料两大类，其中装订好的卷宗以纸质形式存储，需扫描转化为图片或电子文档，视听资料根据格式需要可进行转换使用。

（一）纸质卷宗的扫描

1. 卷宗扫描

一般案件卷宗扫描，可以采用快拍仪（原理类似于照像机）进行翻页拍摄，但会出现对焦不准、边缘畸变和不够美观的小瑕疵。重大案件必须拆页扫描，以保证扫描质量。不建议使用识别软件将图片识别为文档，因为图片文字识别不能保证百分百的正确率，而在重大案件出庭示证过程中，即使再微小的错误，也会造成较大的负面影响。

卷宗扫描精度应该设置为 300DPI，A4 纸页扫描后 JPG 格式文件在 2~3M 为宜，尺寸太大难于保存和后期制作，太小不能保证清晰要求。

一般来说，纸质卷宗大都是办案人员装订后移交到公诉部门，卷宗装订处往往会发生纸张粘连，在扫描过程中就会出现夹纸、卡纸现象，从而导致漏扫，所以，在拆开卷宗后，不要急于扫描，可先将卷宗从装订侧翻页多次，再将卷宗卷成弧形不断折叠搓动，使得粘连处完全分离，让扫描过程顺畅不漏页，达到事半功倍的效果。

在实际应用中，发现多种扫描困难的情况。一是卷宗采用打孔装订的，打孔处形成多页粘连，可以用橡皮锤多次锤打打孔处，再行分页搓折。二是卷宗采用胶水装订的，可用切纸机沿装订处切下尽量小的胶水粘连部分，让纸页分开。三是一页卷宗用胶水粘贴多张票据的，根据需要逐一平板扫描完整页和每张票据。四是复印件纸页残留较多碳粉，造成扫描仪进纸轮打滑，从而出现多次卡纸故障的，可在扫描前先用毛巾擦拭纸张表面，还应加强扫描仪尤其是进纸系统的清洁。

卷宗扫描强调不缺页，如果盲目求快，前期漏扫，后面要从几十本、几百本卷宗中找出一页，甚至要从法院环节借出卷宗，需要耗费更多的时间，给阅卷和示证材料制作造成巨大麻烦，所谓欲速则不达，适得其反。

2. 电子卷宗的命名

卷宗扫描一般单次扫描一本，扫描完成后，形成的电子卷宗一般会自动以数字序号顺序保存。此时应对电子卷宗进行检查清理，将未标注的目录页另放，空白页删除，有漏页的要补扫，补扫的文件应保存到整卷文件夹中，其文件名应按顺序命名，如前一页为201601270089.jpg，那么补扫页可命名为201601270089a.jpg。

实际应用中，扫描仪自动命名的电子卷宗难以满足工作需要，应使用文件命名工具对电子卷宗进行重新顺序命名。为方便查阅和使用电子卷宗，新文件名格式应为：案件名+卷宗名+卷宗实际页码，如：张三受贿案第十卷035.jpg，做到电子卷宗页码与纸质卷宗页码一一对应。

卷宗文件夹也应重命名为“张三受贿案 第十卷”形式，把形成的正式电子卷宗文件夹统一复制到卷宗保存区，还应使用工具软件对电子卷宗数据定期网络异地备份，确保重要数据不丢失。

（二）视听资料的处理

视听资料具有其他证据材料无可比拟的形象性和直观性，能够达到更为理想的公诉效果。但重大案件出庭示证一般受庭审时间限制，实际使用视听资料的并不多见。视听资料内容一般包括，询（讯）问职务犯罪嫌疑人全程同步录音录像、执法或监控录像和证人录音录像等。

1. 音频文件

音频文件格式建议采用wav格式，因为wav类型支持广泛，兼容性好，可以直接嵌入PPT演示文档中。尽管mp3格式压缩比高、音质基本无损，但它是以链接的方式应用到演示文稿中，当文件移动，链接断开，会出现插入的声音文件无法播放的情形，从而造成失误。音频转换可以使用格式工厂等软件进行。

2. 视频文件

视频资料一般需要剪辑处理，满足庭审时间要求。视频剪辑必须保证视频资料的客观性和真实性，剪辑过程中不得篡改。视频剪辑软件相对较多，实现基本要求可以使用格式工厂、QQ播放器等，通过指定时间区域的视频转换或截取操作达到视频剪辑的效果；Windows Movie Make或者会声会影等软件、易于上手，编辑功能更加齐全；Adobe Premiere、Canopus Edius等专业非编程软件能够达到更加专业的效果。

视频文件的格式与来源均较为混杂，即使同一种类型的视频文件（扩展名相同），但因编码、封装不一样，在同一播放软件中，有的能播放，有的却不能播放。同步录像和视频监控资料，有些厂家采用了专有格式，通用播放器根本无法播放，更不可能插入PPT中。

对于在电脑中不能播放的视频文件，可以根据编码情况下载对应的播放软件，也可找出此文件的来源，根据录制设备找到专用播放器进行播放。对于因加密等原因能播放不能编辑的视频文件，可通过屏幕录制软件录制成普通视频文件后再处理。

针对不同的视频文件，通过上述不同的方法处理后，如同音频文件一样，可以转换成微软发布的标准视频格式，如avi、wmv等。

四、示证材料的制作

目前，制作多媒体示证系统的软件以幻灯片制作为首选，该软件技术成熟，操作简单，功能强大，可以将文字、图片、声音、动画、视频等多媒体素材进行组合，制作出形式多样，内容丰富的示证材料。

（一）示证材料制作原则

示证材料应简洁大方、严肃庄重，示证材料制作应遵循一定的原则进行。

一是突出主题，重要内容重点展示。在幻灯片演示中，信息应分解为观众易于消化的片断，一张幻灯片中放置多种信息类型，多种图表、图形不易被观众理解，尽量拆分为多张视觉清晰的简单幻灯片。每张幻灯片中，有用信息占比要大，尽量减少无关信息的占比，以免影响主题。比如，合同书可能几十上百页，公诉人在法庭举证时，不可能全文宣读，只能宣读合同名称和重要内容条款。此时应仅展示合同标题页，在时间允许的条件下，可适当展示重点页和尾页，以加强合同真实性证明。

二是突出细节，关键证据着重展示。有些证据的细节内容可能对案件定性起到至关重要的作用。如款物收据、讯（询）问笔录中的某段供述等，此类证据材料应对关键内容进行红线或红框标注，重点展示。如大量贵重物品，每件物品图片应单独一页展示，公诉人举证应稍作停顿，切忌一页包含许多物品图片，又小又密，难以看清，无法让人感受数额巨大，影响示证效果。

三是强调逻辑，框架结构简洁清晰。举证逻辑务求层次分明，简洁清晰。复杂案件示证层次嵌套不宜过深，最深不宜超过四层，否则不易被人理解。标题嵌套应按统一的规则进行，不然容易让人混乱。多罪名案件中，不同罪名用到相同证据材料的，宁可把证据材料多次复制，也不要试图使用跳转的方式示证，更不要出现“见前面某页举证材料”的偷懒行为。

（二）示证模版制作

公诉技术专班一般应统一幻灯片模板，既可以规范出庭示证形式和效果，还可以简化操作步骤，为示证材料制作提供便利。模板制作时，先创建个性化母版，再在母版中设置好背景、自选图形、字体、字号、颜色、动画方法等。通过模板制作出来的示证材料，能够达到每张幻灯片的颜色格调一致、布局规范统一。模板制作也是一个渐进的过程，在工作实践中通过不断修正，最终达到理想的效果。

创作模板之前，先制作好需要用到的背景图片、动画小图、标志性图标等素材。背景图片可在网上下载，也可用Photoshop等软件自行打造。示证模板色调、样式一般应严肃大方，实践发现，蓝底白字的页面镶嵌白底黑字的卷宗图片，对比度较大，视觉效果较好。如加上页码、检徽等图形文字标志，应控制数量和比例，保证示证材料整体简洁大方。模板应包括封面页、提纲页和图片等多种布局页，在示证材料制作时，可以根据页面分类和布局选择不同的模板页。下例模板左侧分别显示大、小标量，上部创造性设计了导航条，结构更加清晰，能够让人迅速了解示证材料组织格局。

格式举例如下：

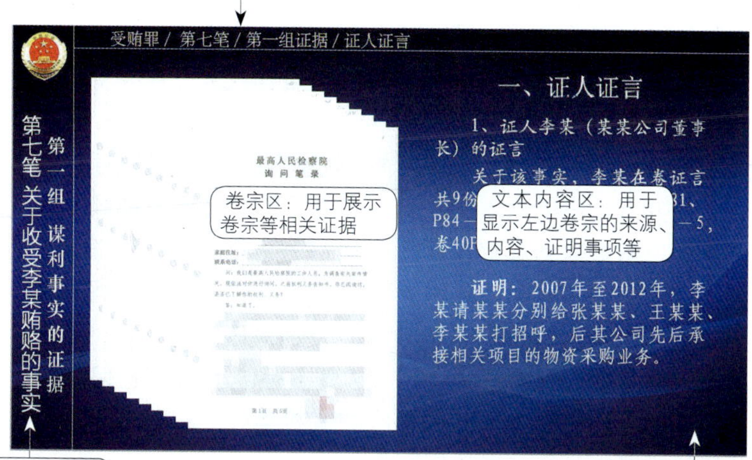

（三）示证材料制作

在制作前，应与公诉人进行沟通，了解公诉人在法庭上的举证内容、举证形式及其他意图，并由公诉人提供对应的各种素材和示证提纲。示证提纲在举证提纲的基础上，标注所举的证据的具体来源。文书证据必须明确标注第几卷第几页，视听证据必须由公诉人提供。素材获取后，应进行认真检查，图片是否清晰可用，音视频文件要确保能够正常播放。

示证材料制作时，套用之前制作的统一模版，根据提纲具体要求，选用不同版式，插入素材。文字的出入尽量不使用动画效果，部分图片可以使用简洁的动画效果，在不同案件证据类别之间可使用简洁的幻灯片切换。动画和幻灯片切换忌过多、过于花哨，以保证整体的严肃性，动画的使用也不便于实现精准的同步控制。示证材料制作完成后应由制作人和公诉人多次检查，制作人着重检查是否具有规范的格式和良好的视觉效果，公诉人着重检查结构和内容，不能达到示证要求与效果的，根据具体情况进行修改与调整。如PPT翻页太快的，要求公诉人加以停顿或降低语速，并在其示证提纲上加以标注。通过不断的演练和修改，最终形成理想的示证材料。

（四）示证材料的同步控制

公诉人出庭时应把主要精力放在举证和答辩上，一般应由技术人员播放示证材料，这样就对举证与播放的同步提出了很高的要求。如果声像不能做到完全同步，会严重影响示证效果。

一是PPT制作尽量不使用响应缓慢的动画效果，单页内容太多的应做成多页，保证按一下翻一页。二是做到PPT上的页码与示证提纲的内容一一对应，在公诉人提供的示证提纲上明确标注进度，公诉人念到某个字，示证人翻到某一页，不得出现“从多少页到多少页”这样的模糊标注。三是公诉人与播放人应在开庭前多次模拟演练。

（五）出庭展示零差错保证

出庭展示是电子示证最后一个环节，也是最关键的面向法庭公开的环节，即使前期示证材料做得再好，如果展示出现偏差，也是前功尽弃。除要做到上文所述的严格同步外，最关键还有两点要做到。一是提前准备，示证人员要至少早于开庭一小时进入法庭，架设设备，调试声音、图像达到满意效果，对一周以上未开庭的法庭，还应在开庭前一天进行仔细的调试。二是双人备份，出庭示证应由两名技术人员做保障，法庭示证时，两名示证人员各自同步操作笔记本电脑，两个笔记本信号均可经视频切换器外送法庭展示。主展示人电脑故障或出现失误，副展示人迅速切换并输出视频信号，保证法庭展示图像不出现间断。还应注意到一些细节和技巧，如线路连接应牢靠防止线路松动信号闪烁，若公诉人跳跃举证，示证人员可及时按下对应 PPT 页码数字并回车，便可迅速到达选定位置。

随着庭审方式的发展，控辩双方对抗性不断提高，充分利用现代化科技手段，将高科技力量融入办案过程，增强出庭支持公诉的效果，是庭审改革的客观要求。检察机关出庭公诉采用电子示证技术，能够真实地、直观地、形象地将证据展示在法庭上，使证据发挥最佳的证明效果，有利于揭露和证明犯罪，提高公诉效果，保证庭审的公开和高效，推动检察机关执法水平迈上新的台阶。▲

大数据在法庭科学中的应用探讨

文 | 河南省安阳市人民检察院　　樊武勇

一、引言

随着云计算、互联网技术的不断发展，全球的数据量呈现出爆炸增长的趋势，大数据量孕育了大数据时代的到来。“当世界开始迈向大数据时代时，社会也将经历类似的地壳运动。”①大数据的到来正在逐步改变人们的生活方式，改变人们认识世界的方式。大数据的运作对象为信息活动当中的各种类别的数据，其对于数据的收集、存储和处理与传统的信息技术是不同的。大数据最大的价值就是预测，通过数据挖掘可以获得大数据深层含义，其可以逐步代替依靠人类判断力的领域，不仅可以在商业领域中为商家分析消费者行为，从而有针对性地采用商业行为，还可以在证据的搜索上发挥作用。

“法庭科学是科学证据的理论基础，是产生科学证据的最重要、最常用的科学体系。”②其实法庭科学是随着法律的发展而出现的科学，只要任何的科学分支可以被用于解决法律纠纷，那么就可以称之为法庭科学。大数据的存在可以帮助我们更快捷地预测证据，从而对法庭对证据的采信也产生着巨大的影响。因而本文针对大数据在法庭科学中的应用进行探讨。

二、对大数据的认知

麦肯锡咨询公司是最早提出“大数据”概念的公司，麦肯锡称：“数据，已经渗透到

①维克多·迈尔—舍恩伯格、肯尼斯·库克耶：《大数据时代：生活、工作与思维的大变革》，盛杨燕、周涛译，浙江人民出版社2013年版，第219页。
②常林主编：《法医学》，中国人民大学出版社2008年版，第15页。

当前的各个行业和业务的领域内，已经成为重要的生产因素。人们对于大量的数据的挖掘和运用，预示着新一波的生产增长率和消费者盈余浪潮的到来。”[①]李国杰院士对大数据的解读为：“大数据是指不能在可以容忍的时间点内用传统的信息技术和软硬件工具对其所进行的感知、获取、管理、处理和服务的数据集合。”[②]在本文中，笔者更倾向于李国杰院士对大数据的理解。

大数据最主要的特征为三个：全样本性、混杂性和相关性。其中，全样本性，就是大数据在收集、分析与某些事物所相关的所有的数据，并不是分析较少的抽样数据。在传统的小数据时期大多都是随机采样，其主要是以较少的数据来推断出较多的信息。在传统的数据时期对事物的成功分析主要是取决于采样的绝对随机性，那么准确程度也是随着随机性的增加程度而增加。但是如果在采用过程中出现偏差，那么所分析的结论也是有偏差的；混杂性，就是大数据可以接受数据的复杂和烦琐，不再是对数据精确性的追求。在传统的数据时代，人们要去分析某些事物，都是尽可能搜集到一些高质量纯净的数据，但是数据在收集的时候，噪音数据是不可避免的，那么数据所出现的混杂性也是不可避免的。对于噪音数据，假设其是偶然出现的，那么会被更多、更正确的大数据所掩盖；假设其的出现是有规律的，那么一定数量的大数据的分析可以帮助我们发现该规律，进而在数据收集的时候可以将噪音数据过滤。这说明在大数据的时代，允许民众可以不必去追求过高的准确性，可以侧重在满足某种大方向的结论，而不是局限在细节。因为适当忽视微观上的准确性，可以让我们在宏观上拥有较高的洞察力。相关性，即指两个或者两个以上的变量的取值之间是存在某些规律性的。在大数据下，研究思路会发生很大的转变，也就是我们可以较多地去关注事物之间的相关性，而不是一味地关注事物之间的因果关系。因为在大数据下很多时候弄明白事物是什么比去寻找事物的“为什么”更为重要。

三、大数据在法庭科学中的应用

大数据已经在人们的生活、工作中得到应用，且出现较多的成功案例。比如，在商业领域商家可以搜集用户的相关信息，从而利用大数据挖掘和分析用户的喜好进行广告投递；比如，《纸牌屋》的制作就是利用大数据完成，该制片方对自己所在网站用户的行为数据进行分析，从而发现用户的三个重要喜好，就是 bbc 的作品、导演大卫和演员凯文，只要一部电视剧可以同时满足这三个要素一定会得到用户的青睐。最终该电视剧取得了成功。我们可以发现大数据的处理在商业、影视等领域内得到应用，在法学内也得到了应用。比如大数据为预测人们的社会行为提供手段，从而为法学研究提出的新问题；比如，大数据可以推动法律服务的转型等。笔者在本文中重点探讨的是大数据在法庭科学中的应用。

（一）在电子证据中的应用

现在的社会中，由于科技的发展使得对电子数据的资料伪造变得较为容易，那么对

①维克托·迈尔—舍恩伯格、肯尼斯·库克耶：《大数据时代：生活、工作与思维的大变革》，盛杨燕、周涛译，浙江人民出版社 2013 年版，第 55 页。
②李国杰、程学旗：《未来科技及经济社会发展的重大战略领域——大数据的研究现状与科学思考》，载《中国科学院院刊》2012 年第 6 期。

于法庭而言需要电子数据资料进行鉴别，才能够取得真实的证据进行采信，进而作出正确的裁断。那么在大数据下，可以为电子证据的运用提供更多的帮助。

第一，大数据可以为电子证据的收集提供相应的技术方案。在法律实务中，最困难的事情就是做事实调查，因为事实调查就是依靠对证据的收集和分析，这也是法庭科学的核心。那么利用数据可以有效发现电子证据的“连接信息点”的方法来收集证据。这个方法最早是运用于信用卡的欺诈案件。通过搜集用户的刷卡记录，信用卡公司可以通过分析记录来发现记录和持卡人之间的关系特点，进而推断出持卡人的典型消费模式，当该信用卡被发现盗刷或者发现持卡人有进行信用卡的欺诈的时候，信用卡公司可以运用刷卡的终端设备搜集到持卡人超出该模式的消费信息，进而对该持卡人进行标记，从而采取拒绝交易或者进行后续调查的方式来维护信用卡公司的权益。另外，一旦文字数据化，当出现知识产权纠纷的问题后，可以运用大数据信息监测技术来对知识产权进行监测从而搜集到维权的证据。

第二，大数据可以有效地保全电子证据。按照我国现在适用的证据规则，民事证据的收集和提供都是当事人来完成的，法官仅有的权限就是依职权来进行调查。但是这种证据制度规定不够细致，导致在司法实践中操作出现混乱。证据保全制度的存在就是为了帮助当事人因意志以外的原因无法收集证据进而产生双方当事人之间的不平等。但是在民事诉讼领域中，多数法官在证据方面是比较被动的，不会主动对证据进行调查，证据保全需要当事人来积极申请，那么对于电子证据而言，随时会出现灭失的可能。在大数据下，其技术是比较先进的，特别是可以利用云数据来进行电子证据的保全。目前很多网络公司都有云服务平台，运用云服务可以在短时间内将证据保全，并且还可以与相关的鉴定机构、公证机构联系，为用户提供取证整个环节的服务，从而确保电子证据链条完整。

（二）刑事犯罪证据中的应用

法庭科学包含的内容比较广泛，在我国称呼也比较多，比如物证技术学、刑事技术和司法鉴定学等。那么我们可以探讨大数据对刑事犯罪证据的应用。随着我国经济的发展，互联网技术的普及，网络的覆盖率和网民数量也逐年增长。对于刑事侦查机关而言，可以运用大数据来对于犯罪有关的数据进行检索和分析。因为现有的社会中大数据所存储的数据信息是非常巨大的，它存储着一个人在社会中各种信息痕迹。比如一个人在何时何地何处做过些什么，这些都会被海量的无限数据给记载下来。最典型的就是苹果手机对用户个人信息的分析。大量数据的存在可以分析出人类的行为模式。那么侦查机关可以和相关的互联网平台合作，通过大数据方法的运作，可以帮助侦查机关划定侦查的范围、收集犯罪嫌疑人的证据。值得一提的是视觉搜索技术，视觉搜索技术应用到二维码等技术中，可以有效改变现有的查案模式，从而提升侦查机关的查案效率，进而收集有效证据。我们可以通过实例举证，在职务犯罪中利用数据挖掘技术可以搜集情报，具体应用关联分析和模型结构部分。关联分析其实是传统的情报分析技术的新发展，其目的主要是对数据之间的关联来寻求藏于数据中的特殊事物。通过利用 Apriori 算法，侦查人员可以对职务犯罪嫌疑人的性别、年龄、学历、地点、职务、金额等整合，从而发现职务犯罪的规律；关于模型结构，主要是办案人员在关联规则运用基础上，运用数据挖掘技术，建立挖掘的模型，该模型将职务犯罪的一系列的信息都包含在内，依靠该模型，侦查人员可以快速顺利地找到案件的突破点，找到证据，从而将犯罪嫌疑人绳之以法。

四、在法庭科学中有效运用大数据的对策

大数据虽然对法庭科学具有积极的作用，但是从我们现有的司法实践来看，大数据在司法实践中的运用并不是非常多，主要是因为大数据的数量庞大及对证据存在影响和云基础架构层的数据存在安全问题等，针对大数据当前的发展，笔者认为，我们应从以下几个方面推进：

第一，加快当前我国在法庭科学方面的制度建设，加快技术的引进和革新，特别是在证据制度方面要完善，同时积极和相关的网络服务运营商搭建平台，提高大数据云层结构的安全系数，从而为司法机关提供更多的数据信息，为案件的审理提供帮助，从而促使案件顺利办理。

第二，法官们需要克服大数据的局限。大数据的预测给证据法的基本理念的改变已经不仅是当事人之间可以公平地接近证据，而是会影响到我们对未来行为的责任判定问题，也就是说可以根据当事人过去的行为细节来对其未来的行为进行预测，便会导致法官出现道德型偏见和推理型偏见，那么大数据可以使得这种判定更加准确，从而影响法官的裁定，而产生对当事人不公。因而需要我们的法官在庭审过程和裁断过程中要克服大数据所出现的准确局限，从而正确对当事人适用法律。

第三，在法庭科学中运用大数据要注意方式方法。学界对法庭科学的研究都是通过案件来进行研究，只有对案件进行研究才可以发现法庭科学中存在的问题和不足从而进行改善。那么我们在对大数据样本选择的时候，就要注意对样本的框架选择，样本的选题等，特别要注意采用科学合理的方式选择数据，减少不当数据的干扰，进而为法庭科学的适用提供更为准确的信息，进而确保数据作出的判断是科学的，可以有效地推进法庭科学的发展。

五、结语

大数据的到来使得各个学科领域都发生了变化，对于大数据和其他学科进行交叉的研究已经成为热点。法学中最为重要的领域就是法庭科学，其是和科学交叉最多的领域，可以将一些先进技术为法庭所运用，最终为法庭所服务。大数据技术的不断发展，使得证据的认定变得更为快速和高效，特别是大数据提供的信息资源库，可以在最大程度上挖掘数据，尽可能挖掘出证据并对证据进行存储，从而为法庭科学的发展提供条件，但是法庭科学和大数据的融合也会存在一些问题，需要我们在司法实践工作中进行调整，只有这样才能够确保案件的公正性。▲

云桌面在检察机关中的应用

文 | 湖北省武汉市汉阳区人民检察院　　方博

云计算是互联网时代信息基础设施与应用服务模式的重要形态，是新一代信息技术集约化发展的必然趋势。它以资源聚合和虚拟化、应用服务和专业化、按需供给和灵便使用的服务模式，提供高效能、低成本、低功耗的计算与数据服务，支撑各类信息化的应用。云计算不仅仅在海量的并发计算、存储等密集运算需求行为中具有大量的运用，它的这些特点与优势在低运算需求的用户终端桌面上同样有运用、管理、成本上的优势。

一、云桌面

（一）云计算与云桌面

云计算不是一种新生的技术，它是分布式计算、并行计算、效用计算、网络存储、虚拟化、负载均衡、热备份冗余等传统计算机和网络技术发展融合的产物。用户依托网络中异构、自治的服务进行按需即取的计算，云计算的资源是动态易扩展而且虚拟化的，通过网络提供。

云桌面的发展过程中，产生了多种桌面技术，如终端服务、虚拟托管桌面（VHD）、刀片式PC、操作系统镜像流（无盘工作站）、远程操作系统启动、应用流或应用虚拟化、虚拟化容器等，这些桌面技术我们统称为“桌面虚拟化”。

云桌面是一种基于中心服务器的计算模型，建立在服务器虚拟化的基础之上，沿用了瘦客户端模型，所有的桌面虚拟机在数据中心进行托管并统一管理，同时用户能够获得完整的PC使用体验，用户可以根据自己的需要使用虚拟桌面服务。

（二）传统桌面的缺点

在政府办公环境中，传统桌面一直使用功能全面的办公计算机，这类办公计算机提供了功能、性能与价格上的一个平衡点，但是在实际应用中它并不是一个理想的解决方案，还存在一些缺点，这些缺点催生了云桌面技术的产生与发展：

1.桌面环境碎片化：在一般的政府办公环境中，随着不同品牌、配置的办公计算机陆续被引入，要确保关键应用能够正常运行，运维人员要准备多套运维方案，个别情况还需要单独处理，桌面环境碎片化增加了运维人员的工作量与管理难度。

2.数据安全难以保证：数据安全指的是两点：一是办公计算机出现故障时，其中存储的数据能否恢复；二是使用者的不规范操作，对涉密数据会产生泄露的可能性。

3.运算资源难以充分利用：政府多数办公用户，对办公电脑的计算能力的使用率非常低，浪费成本，但传统桌面环境分散化的特点，并不能将这些浪费的运算资源加以集中利用。

（三）云桌面的组成与优势

和云计算类似，云桌面也不是一个新型的计算机技术，它是为了解决传统桌面存在的一些缺点，将网络存储、虚拟化、负载均衡、热备份冗余等传统计算机和网络技术进行融合而成的。

1.云桌面的组成

（1）桌面虚拟化。桌面虚拟化包括三部分，一是硬件虚拟化，由虚拟化硬件管理工具从云桌面资源池中按需选择虚拟化硬件资源，建立虚拟化计算机环境；二是操作系统虚拟化，云桌面管理工具将虚拟化操作系统镜像发布至虚拟化计算机；三是应用发布，由云桌面管理工具向操作系统中发布应用。

（2）虚拟桌面显示协议。虚拟桌面显示协议负责虚拟化桌面与用户之间的交互，它负责数据中心中虚拟化桌面图像与用户的输入数据之间实时交互。在目前的带宽条件下，用户想获得与使用本地桌面相同的体验还是有一定困难的，尤其是视频、3D图像以及多媒体应用等。

（3）云终端。云终端作为输入输出设备，主要借助虚拟桌面显示协议，将云桌面的图像输出给用户，并将用户输入返回给云桌面。只要能够满足虚拟桌面显示协议所需的软硬件要求的设备，基本上就可以作为云终端使用。

（4）云桌面管理平台。云桌面系统运行过程中，云桌面管理平台负责对整个系统进行管理。一是桌面系统的管理，如为用户提供桌面端服务、桌面映像管理、用户管理等；二是对虚拟化资源的管理，如运算资源的调配、硬件配置、僵尸虚拟机的回收等；三是对软件资源的管理，如虚拟化操作系统的管理、应用系统的管理、软件授权的分配与回收等；四是数据的灾备与恢复等功能。

2.云桌面的优势

（1）数据和信息安全：所有工作人员使用的桌面系统及业务系统都集中在数据中心运行，所有业务工作实时保存、备份，确保数据安全；管理员通过应用内置的安全策略，可以让用户无法将文件和信息保存在本地设备或移动磁盘上，防止机密数据被随意拷贝造成泄露，从而有效实现数据安全和信息安全。

（2）终端管理维护方便：运维部门可以通过虚拟桌面技术实现快速桌面部署，终端设备均使用由运维人员定制的标准化操作系统模板，该模板中已安装业务所需的应用程序及客户端软件；桌面和应用的安装升级工作全部在数据中心执行，减少提升效率。

（3）业务连续性保障：系统和业务数据均存放于数据中心，并采用系统数据、用户数据分离的存储方式，将业务停止风险降至最低；支持多种操作系统及应用运行环境，应用得以持续运行。

（4）降低终端使用费用：办公计算机的平均更换周期为3~5年，而云终端如无人为损坏，工作时间平均为10年左右；新增使用终端，无须采购办公电脑，只需采购廉价的云终端即可。

（5）节约能耗：云终端＋数据中心的方式比传统桌面环境节约大量能耗，绿色环保，降低运维成本。

二、云桌面在检察机关中的应用

检察机关信息化应用对信息安全、数据灾备、系统运维、运算资源等都有较高的要求，云桌面集中管控、数据安全、降低成本这些优势能够优化检察机关信息化应用。

（一）检察机关信息化应用的特点

1.信息安全

信息安全与保密是信息化工作的先决条件。2014年全国检察机关统一业务应用系统上线运行，这对检察专网的信息安全与保密能力提出了更高的要求，对数据中心、网络传输、终端运行等关键环节的安全保密措施进行了全方位的检验。对于桌面环境而言，在操作系统安全、身份认证、密码保护、边界防护与控制、物理隔离等方面进行严格管控。

2.数据灾备

数据灾备是桌面环境中必须考虑的重要因素。传统桌面环境中，传统办公计算机存储着大量的办公数据，各种法律文书、业务报表、经验材料、工作总结等，一旦计算机硬盘出现故障，数据恢复所付出的代价是非常高的，发生物理性损坏的硬盘甚至会出现数据无法恢复的情形。

3.系统运维

全天候的运维是信息化应用的必要保障。计算机故障出现后桌面环境的恢复速度是考量系统运维工作的重要指标之一，对于一些大业务量部门的用户，桌面环境宕机后1～2小时的恢复时间是相当漫长的。

4.运算资源

满足不同计算量需求的业务应用是桌面环境的基本要求。不是所有的检察业务桌面用户都是低运算需求的，在诸如侦查大数据分析、电子证据检材分析、音视频转码等工作中，对于运算资源的需求是巨大的。

（二）云桌面应用

1.办公桌面

办公桌面是云桌面的典型应用，云桌面的特性为办公桌面提供了良好的支持。

（1）采用多重信息安全策略。如对可以通过数据中心端对接入的设备采取身份认证，进行准入管控；通过云桌面连接程序对用户身份进行验证，可选用手机NCF、密码、生物特征、身份卡等多种方式；从云桌面管理中心对云终端访问本地输入输出设备的权限进行设置，进行边界防护与控制；云终端与数据中心托管的云桌面之间只进行桌面图像、输入设备数据的传输，并不直接传输业务数据，并且可以采取传输数据加密、传输数据过滤等方式加强信息安全。

（2）按需加强数据冗余功能。数据中心在管理云桌面时，对云桌面中的数据可以根据重要程度采取不同层次的数据容灾备份方案，进行分而治之的管理策略。如对于重要的业务数据，可采取大容量存储设备定期备份的存储策略；对于其他个人办公数据，可以采用基于私有网盘的文档云技术进行存储。

（3）高效运维。云桌面环境出现系统崩溃、应用运行失败的情形，可以根据故障程度采取虚拟硬盘数据回滚、应用重发布、操作系统重发布等方式，迅速恢复工作环境。

2.云教室

使用电子教室开展培训工作，是检察机关对干警业务素能提升的重要方式，对于需要实际上手操作的培训内容有着较好的培训效果。在云桌面环境中，不用将参训人员集中至培训中心，只需让参训人员在自己的办公计算机上安装云桌面终端软件，连接至云教室的教学云桌面，开展上机操作；云教室管理人员在培训开始前，按照培训需求，制作好教学云桌面模板，批量发布给参训学员；培训过程中出现教学云桌面环境故障的情况，可以进行快速重发布，迅速恢复教学环境。

3.临时性密集运算型业务

临时性密集运算型业务的特点是：业务运行时对计算机设备的运算、存储能力要求高，但整体业务运行周期不确定。云桌面资源灵活配置的特性可以很好地服务于这些业务。在业务开展时，云桌面管理平台可以对云桌面的运算、存储资源进行灵活调配，临时增加云桌面的运算资源，待业务运行结束后，释放临时增加的运算资源用于其他需求。

三、云桌面在检察机关应用的可行性研究

云桌面提高了桌面环境的安全性、降低了管理复杂度、节约了运行成本，但云终端＋数据中心的结构也使其有一些很难克服的缺点，如何克服这些缺点是云桌面运用于检察机关的关键点。

（一）云桌面的缺点

1.集中管理的问题：云桌面集中管理的工作方式虽然节约了运算资源，但也面临着一个严重的问题，一旦数据中心出现硬件故障，那么运行在其中的云桌面都将停止工作，这对云桌面数据中心的稳定性设计是一项重要考验。

2.网络负载压力：在局域网中部署云桌面还没有太大的问题，百兆的主流局域网都能确保虚拟桌面显示协议的工作需求；但在广域网的环境中，云桌面的虚拟桌面显示实时程度很高，对网络带宽会有很高的要求，这是需要着重考虑的。

3.虚拟桌面的性能还不能完全媲美传统桌面环境：由于云桌面是运行在服务器端的虚拟计算机，而且是使用网络传输图像的方式展示图像，这就决定了云桌面在多媒体、图形图像的实时处理有一定不足，但对于一般的办公应用都能“得心应手”，比如统一业务应用系统、OA系统、文字处理、电子表格、邮件、数据库等。

4.初始建设成本高：对于新建的办公环境，建设成本要相对于传统桌面节约不少，昂贵的办公计算机被云终端所取代，节约下来的资金投入数据中心的建设；对于改建的办公环境，云桌面基础设施改建，涉及服务器、存储、高速网络设备等多方面，是IT架构的重大改变，初始阶段在建设成本、人力成本、管理成本方面都有很大的需求。

（二）合理运用云桌面

1.建设方式。云桌面运行产生的各项特性决定了它不可能采取全省检察机关集中部署、统一管理的方式，要结合它的具体应用来确定建设方式。对于桌面办公环境，因为其单终端网络带宽需求高、并发数据流量大，可由各级检察机关以院为单位自行建立，使其运行在网络资源充足的局域网，广域网的带宽较难满足它的带宽需求；对于云教室这类接入节点分布广、运用密集度低的应用，可以采取省市院建设、基层院接入的方式。

2.人才储备。云桌面运行关键的检察业务数据，人才的培养就显得尤为重要。云桌

面是云计算的一个具体运用，云计算运用的知识储备在云桌面运维过程中多会用到，要在检察机关运用云桌面，需要培养一批优秀的信息化人才，他们要解决如何建立性能优异、稳定可靠的云桌面数据中心、运行过程中如何对现有云桌面系统进行优化、如何制定高效的故障解决方案等方面的问题。

3. 资源利用。合理建设可以很好地降低建设成本。一是充分利用现有办公计算机，由于云终端“轻”的特性，现有办公计算机可以经过改造后变身为云终端，使得现有资源得到合理利用；二是不搞“一刀切”，全云桌面工作环境是一个美好的愿景，但结合云桌面目前的技术现状，应该对云桌面的短板加以规避，对云桌面环境不占优的业务还应该继续使用传统桌面环境。▲

虚拟化技术条件下强化终端安全保密研究

文 | 上海市杨浦区人民检察院 朱慧

2016年以来，随着桌面虚拟化技术的逐步成熟，越来越多的单位在建设涉密内网时，考虑使用桌面虚拟化替换传统的PC。以桌面虚拟化为基础的建设的涉密信息系统，其IT管理、运维和安全属性都发生了较大的变化。在这样的背景下，如何部署桌面虚拟化，既保证产品功能性能的充分应用，又保证其安全性得到体现，满足国家相关要求，是我们将要重点考虑的问题。

一、检察机关涉密网络终端管理的现状

（一）基础实施被欧美垄断，核心技术不可控

目前，国内的IT基础设施的核心技术和元件一部分掌握在国外厂商手中，超级核心节点、国际交换节点、国际汇聚节点和互联互通节点都由思科公司掌握；全球网络根域名服务器为美国掌控；中国90%以上的高端芯片依赖美国几家企业提供；智能操作系统的90%以上由美国企业提供。在这样的环境下，信息安全就面临一个不可避免的问题，一切知识产权不可控，基础设施自身的安全隐患如何避免？一旦发生国家级对抗，如何避免敌对势力利用基础设施发起网络攻击？

检察机关是代表国家依法行使检察权的国家机关，担负着追究刑事责任，提起公诉和实施法律监督的重要责任。在检察机关的信息化过程中，也不可避免地采用了大量的国外制造的IT基础设施，这些基础设施存在于检察机关的各个信息化环境下，给检察机关的信息化网络增加了大量的不可控安全风险。

（二）现有架构数据分散，管控难，终端泄密多

首先，检察机关的IT架构依然采用传统的PC，在这种模式下，检察机关的PC数量众多并且核心数据都存储于本地，随着系统安

全隐患日益增多，PC往往成为数据安全风险集中爆发的地方。再者，传统PC模式难以对移动存储等进行限制，难以防止数据外泄。

其次，在这种模式下，所有数据通过明文方式进行传输，由于客户端与服务器之间传输的数据是真实的业务数据，该数据会被缓存在用户本地或在传输中截获，导致存在较大的安全隐患。而现在的系统架构平台属于一个开放的环境，因此，数据的安全传输是一个非常重要的问题。尤其当业务系统部署在内网时，传输的安全问题是最容易被忽略的一个环节。

最后，当电脑出现故障后，修复和重新配置的工作量巨大且耗时，往往导致响应能力不足，影响检察机关的工作效率。同时，对于废弃的PC电脑由于还带有大量的数据，如何处理也是一个比较棘手的问题。

（三）桌面虚拟化技术提出新思路

为了解决传统PC模式下办公终端维护工作量大、安全性难以保障的问题，迫切需要寻求一种新的解决方案，这种方案首先应该满足检察机关对于数据安全性的要求，具有极高的安全性，其次需要能够满足检察机关用户办公应用需求，最后需要能够显著降低终端维护工作的强度，提供维护工作效率。

随着虚拟化技术的发展与逐步成熟，桌面虚拟化技术提出了一种新的解决思路，该思路根据用户规模选择不同的硬件平台，保障整体系统性能。同时，根据安全需求提出了一系列安全管控措施，进一步增强了桌面虚拟化应用的安全性。

二、桌面虚拟化技术的发展

（一）虚拟技术的背景

桌面虚拟化是基于客户端/服务器计算模型，将桌面环境从个人计算机硬件分离的一种技术。桌面虚拟化由服务器提供“虚拟”的桌面，在网络环境下提供与本地桌面相同的用户体验，操作系统、应用、程序和数据都在服务器端集中管理和运行。

桌面虚拟化提供了一系列重要的IT管理功能：一是集中管理，IT运维管理更加简便、高效、安全；二是标准化管理，虚拟桌面镜像由IT管理人员维护，规范统一，稳定性高；三是可靠的备份恢复功能，提供存储备份桌面数据，提供自动故障切换功能确保虚拟桌面的高可用性，提供灾难恢复机制确保计划外停机后的快速恢复；四是提供随时随地的桌面访问服务，确保用户以最习惯的方式与办公桌面环境互动，灵活易用。

桌面虚拟化具备以下特点：一是部署灵活，按需申请、快速发放、统一接入、随时随地访问；二是利用率高，数据中心资源统一管理、统一调度，实现效益最大；三是数据安全，数据集中存储于后台数据中心，安全可靠，网络传输以图像信息为主，避免网络窃密；四是维护便利，维护工作由后台统一进行；五是节能减排，提高数据中心利用率，同时降低终端功耗。

（二）虚拟化技术与云计算

虚拟化是云计算的核心技术。包括服务器的虚拟化、终端虚拟化、应用虚拟化以及网络和安全的虚拟化。云计算将各种IT资源以服务的方式通过互联网交付给用户。然而虚拟化本身并不能给用户提供自服务层。没有自服务层，就不能提供计算服务。云计算模型允许终端用户自行提供自己的服务器、应用程序和包括虚拟化等其他的资源，这反过来又能使企业最大程度地处理自身的计算资源，但这仍需要系统管理员为终端用户提供虚拟机。

虽然虚拟化和云计算并非是捆绑技术，

但二者可以通过优势互补为用户提供更优质的服务。云计算方案使用虚拟化技术使整个IT基础设施的资源部署更灵活。反过来，虚拟化方案也可以引入云计算的理念，为用户提供按需使用的资源和服务。在一些特定业务中，云计算和虚拟化是分不开的，只有同时应用两项技术，服务才能顺利开展。

（三）桌面虚拟化的发展前景

桌面虚拟化的产品经过了三个阶段，第一阶段：实现客户端操作系统的虚拟化，即实现了操作系统和硬件的隔离，并且还允许虚拟化的操作系统跟随移动存储设备进行转移，也就是现有虚拟化产品实现的阶段；第二阶段：虚拟桌面的网络化、集中化，虚拟桌面操作系统将被存储在网络上，进行集中化的管理，用户可以通过网络，在任何地方，任何物理机器（台式机、笔记本、手机、瘦终端）上可以访问属于用户个人的桌面，从而实现前面描述的应用。这个实际上是个人的"云计算”化，目前也是虚拟化技术领域的热门技术；第三阶段：从管理角度，实现桌面虚拟化的简化与可用化。如果操作系统与硬件环境理想地实现了脱离，那么用户使用的计算环境将脱离物理机器的制约，每个人可能都会拥有多个桌面，而且随时随地都可以访问。那么伴随而来的就是虚拟机的泛滥，存储的爆炸，所以随之而来的，就应该是更简化地、安全地、高效地管理计算机。

目前，国内的桌面虚拟化技术已经基本成熟并可实际应用，预测在未来几年国内的桌面虚拟化将会不断的扩大，应该说，桌面虚拟化的普及只是时间问题。

三、桌面虚拟化的安全保密隐患

桌面虚拟化是一种与传统PC架构不同的全新模式，在这种模式下，固然解决了一些传统模式难以解决的安全问题，但也带来了一些新的安全隐患。

（一）业务连续性保障

桌面虚拟化的业务连续性保障主要是指虚拟桌面的迅速恢复。必须将宿主服务器的硬件资源留出足够的冗余，对集中存储的设备选择具有数据镜像及快速恢复的解决方案，并对相关网络设备进行热备份。当宿主服务器出现故障时，将终端所有员工的正常工作，影响涉及面极广。如何建立快速的恢复系统，最大限度地缩短恢复事件，是必须考虑的问题。

（二）用户文件存储安全问题

虽然很多单位在实施桌面虚拟化时，对桌面虚拟化软件、服务器和存储系统投入了大量资金，但在备份系统上的投入却相对不足，或者抱着“先让系统跑起来，备份系统以后再补”的心态，未及时搭建备份系统。忽视了单位所有的历史数据，将造成不可挽回的损失。为了应对这种风险，还需要建立足够可靠的备份系统，对检察机关中的数据进行及时备份。

（三）实施过程中的数据迁移

检察机关部署服务器虚拟化的主要原因是希望操作系统和数据的集中管控，把物理计算机转换成虚拟机，把所有涉密数据一同集中在中心机房。这个物理机到虚拟机的迁移过程涉及大量用户和数据，操作记录非常繁杂，容易出现遗漏和违规操作，因此需要有规范化的数据迁移流程。一方面，已经集中存储的数据迁移过程中系统管理员的知悉范围控制；另一方面，在用户终端上个人数据的迁移是虚拟桌面实施过程中最不可控的工作之一，需要合理动用行政管理与协调的手段，控制项目进度。

（四）运行维护过程中虚拟机蔓延的情况

虚拟机很容易从已有的镜像中创建，也很容易被删除。若对创建虚拟机的操作审批不严格，或是没有及时删除无用虚拟机，会使部分无用的虚拟机出现在网络中，这种现象成为虚拟机蔓延。这些无用虚拟机，通常没有定期进行安全维护，成为桌面虚拟化系统中的安全短板。在桌面虚拟化系统的日常运维中，需要对系统中虚拟机的使用情况进行有效监控，及时发现无用虚拟机。在新增或删除虚拟机时，必须严格遵照相关流程，对虚拟机的整个生命周期进行管控。

四、检察机关桌面虚拟化部署要求

根据检察机关的信息化情况，在部署桌面虚拟化产品时，需要对桌面虚拟化产品进行详细的技术选型，所选产品应达到以下技术要求：

（一）服务器虚拟化平台安全要求

虚拟化平台应支持对管理员操作行为的详细记录，包括事件定义、行为时间、对应登录用户、登录IP地址及操作详情等。

应针对虚拟化平台内运行的虚拟机状态进行智能监控，设定阀值进行告警，可配置阀值内容包括物理主机内存占用情况、物理主机交换分区占用情况、物理主机CPU占用情况、物理主机CPU温度情况、物理主机网卡工作情况、存储设备读写情况、存储设备读写延时情况、存储设备空间占用情况、存储与物理主机连接情况、存储使用状态、RAID使用状态、物理主机连接状态、虚拟机内存占用情况、虚拟机CPU占用情况、虚拟机镜像文件状态等内容，针对性地通过阀值与持续时间进行判断，并可支持邮件方式告警。

应支持对服务器虚拟化平台的日志与配置信息进行自动备份与手动备份，支持对配置进行手动还原与恢复出厂设置。

（二）桌面发布平台安全要求

应支持对虚拟桌面发布平台的日志与配置信息进行自动备份与手动备份，支持对配置进行手动还原与恢复出厂设置。

应自带企业级软件防火墙功能，可防御网络攻击行为。

（三）云桌面运行安全要求

应支持虚拟机之间的安全隔离，单个虚拟机的故障不会影响到其他用户的虚拟机。

应支持虚拟交换机和虚拟机之间的VLAN隔离，虚拟交换机数量不少于512台，每台虚拟交换机端口数量大于1000个。

应支持桌面虚拟机系统备份与恢复，有相应的虚拟机系统备份策略，以按策略自动的备份或还原虚拟机或文件，虚拟机系统宕机后能及时恢复，恢复节点不超过24小时前状态。

（四）通讯加密要求

应支持AES、DES、3DES、MD5、SHA、DH、RSA等算法，对客户端通信进行加密传输。

应支持在加密情况下实现跨网段、跨内外网安全访问。

（五）身份认证安全要求

应在终端访问云桌面时，支持本地认证、短信认证、动态令牌、数字证书、第三方认证（AD域、Radius等）、硬件特征码等多种认证方式，并且可以自由组合。

应支持多重密码安全策略，可设置密码不能包含用户名、新密码不能与旧密码相同、首次登录强制修改密码、强制要求定时修改密码、密码强度验证等功能。

应支持图形校验码、软键盘等登录方式。

应支持账号防暴力破解功能。

（六）登录环境安全要求

应支持客户端安全检查功能，可以根据

客户接入终端的系统版本、接入IP、接入时间、杀毒软件的安装更新情况等，指定用户的访问控制策略。

应支持设置应用程序白名单功能。

五、结束语

桌面虚拟化的普及已经不可避免，检察机关信息化建设将会越来越多地采用桌面虚拟化技术。我们必须认清桌面虚拟化给我们带来的好处，也要认清桌面虚拟化给我们带来的安全风险，尽早出台关于桌面虚拟化的行业标准和国家标准，使桌面虚拟化更好、更合规地为检察信息化安全服务。▲

探讨桌面虚拟化技术应用于检察业务的可行性

文|天津市河西区人民检察院　　唐诗泉

近年来，随着信息化程度的不断提高和自动化办公的不断普及，桌面虚拟化、并行计算等新技术得到了不断的发展。由于桌面虚拟化具有低投入、易管理运维等特点，在国内外政府、医院以及其他多个领域都得到了广泛的应用。如果能将桌面虚拟化的相关技术移植到检察机关信息化建设中将会给检察机关日常工作带来极大的便利，本文将对如何把桌面虚拟化技术应用于检察业务中进行初步探讨。

一、什么是桌面虚拟化

桌面虚拟化是指将计算机的终端系统进行虚拟化，即在服务器上生成大量独立的操作系统，同时根据相关的协议发送给用户终端设备，和传统的pc相比，大的主机箱换成了类似电视机顶盒的小盒子，鼠标键盘显示器都插在这个小盒子上，而所有的数据以及运算都在服务器端进行，客户端只是显示其运算的结果。

二、桌面虚拟化技术应用在检察业务中的优势

（一）检察机关的日常工作适合应用桌面虚拟化

由于桌面虚拟化的运算在服务器端完成，因此适用于运算量、数据量以及用户负载相对较小的办公环境。而检察机关自身的业务特点使得其适合使用桌面虚拟化。就目前检察机关的日常工作来说，首先是简单的电子文书制作、统一业务应用，还有部分诸如OA办公系统、信息发布系统等浏览器操作，可以说当前的检察业务并不需要进行大量运算。同时检察机关计算机中存储的数据大部分以电子文档和图片为主，总数据量并不大，而且大部分基层院的人数并不多，用户数量小，因此结合当前检察机关尤其是基层检察院的

运算量小、数据量小、用户负载小的业务特点，十分适合运用桌面虚拟化技术。

（二）桌面虚拟化可以解决当前检察机关现有终端模式的诸多问题

1. 应用桌面虚拟进行统一配置，弥补系统设置存在漏洞。以我院为例，我院在分级保护方案中对主机设置了 BIOS 密码，但是非法用户仍可以通过使用 CMOS 放电跳线、取出 CMOS 电池或者短接电池引脚等方式清除 BIOS 密码，进而利用 U 盘启动进入 pe 系统更改或者绕过系统登录密码读取到电脑内的文件和数据。现有的桌面虚拟化终端仅需配置一个具有简单芯片的设备、输入输出设备以及一台显示器即可，可以说是无操作系统、无存储的极简化设备，非法用户无法直接通过硬件设备对操作系统进行任何的更改从而获取用户的数据，减小泄密可能性。

2. 桌面虚拟化弥补了目前检察机关缺少对用户数据进行保护的缺陷。大部分检察机关仅将信息安全重点放在了边界的安全性和系统内部软硬件安全方面，对涉密信息本身却没有防护。现有用户数据均分布存储在每个用户的个人电脑中，一旦某个用户的终端被非法入侵或者整个网络边界被攻破，那么用户数据将以明文的形式被非法用户获取，同时多数检察机关在信息安全策略中并没有强制要求对用户数据进行备份，大部分检察业务人员也没有数据备份的习惯，一旦电脑的硬盘损坏，该用户的数据将面临丢失的风险。桌面虚拟化客户端的简易性使其减少了受攻击面，从而可以实现用户终端不存密、不涉密，因此可以大大降低泄密风险，在桌面虚拟化环境下还可以对用户存储的数据进行统一加密，同时桌面虚拟化技术提供了一种高效便捷的灾难恢复解决方案，技术人员可以统一地对虚拟机系统以及数据进行整盘备份，从而提升检察机关涉密数据的安全性。

3. 桌面虚拟化可以减少运维工作量，提高技术部门工作效率。现在技术部门对于软硬件安装配置升级的工作基本上都需要在每个终端上做一次，工作量非常大，这些烦琐的工作占用了技术部门大部分的工作时间。在虚拟化解决方案里，管理是集中化的，技术部门通过控制中心管理全院的虚拟桌面，所有的更新，打补丁都只需要更新一个“基础镜像”就可以了，因此管理维护就非常简单了，工作人员只要重启虚拟桌面就可以看到所有的更新，同时简化的客户端意味着低故障率，这样就大大减小了运维工作量，进一步提高了工作效率。

三、检察机关应用桌面虚拟化技术所存在的问题及解决办法

虽然桌面虚拟化技术可以解决传统终端模式的种种不便，但是虚拟化环境下，涉密信息系统还会面临新的安全风险：不同用户在同一台服务器上生成的虚拟机共享底层硬件资源，有可能会将不同安全级别的虚拟机部署在同一台物理主机上，这就为攻击者提供了利用服务器底层的弱隔离性进行攻击的可能性，如何对这些虚拟机进行隔离，并对虚拟机之间的通信以及交互进行控制，防止虚拟机之间互相影响是我们需要解决的重要问题。针对由桌面虚拟化带来的安全方面的风险，笔者认为可以从以下几个方面来解决：

1. 建立完善的身份认证、数据加密以及访问控制体系。为防止虚拟机之间互相影响，可对不同虚拟主机之间设定安全访问控制机制，设定每个虚拟主机用户的安全级别，当用户访问安全级别比自身高的其他虚拟主机时仅可对其进行写操作，当访问安全级别低于自身的其他虚拟主机时仅可进行读操作，

这种“下读上写”的安全策略使得在不同级别的用户之间数据只能按照安全级别从低到高的流向流动，从而保证了敏感数据可控传输，而当用户访问安全级别与自身相同的其他主机时，可以利用权力表、口令和访问控制表建立自主访问控制机制，用户可以按自己的意愿决定哪些同级别用户可以访问自己的系统和数据，这种访问权限可以按工作需要动态的转让和回收。在设定访问控制之余，可以对服务器端存储的数据进行加密存储，用户可对数据在被转移至服务器存储之前加密，同时使用基于非对称密码算法的公开秘钥系统对每台虚拟机以及使用虚拟机的用户进行身份验证，从而确保每个用户只能读取到自己存储的加密数据。

2. 部署虚拟化安全产品。目前，许多计算机安全公司都推出了针对桌面虚拟化系统的虚拟安全产品，可以从虚拟化层完成病毒检测和过滤从而保护虚拟机，也可以运用虚拟化防火墙抵御攻击，虚拟化防火墙把一台防火墙从逻辑上划分为多台防火墙，所有的系统资源都按比例被分配到各个独立的虚拟防火墙中，各个虚拟防火墙也有自己独立的防护重点和对应的安全策略，当有攻击发生时，各个虚拟防火墙将抵挡各自的攻击，即便某个虚拟防火墙系统资源被网络攻击耗尽，也不会影响其他的虚拟防火墙系统。运用一系列针对虚拟化技术设计的虚拟化安全产品，可以大大提高检察机关桌面虚拟化系统的安全性。

3. 配置的审计和日志审计。建立完善的管理员配置审计和用户日志审计体系，使得管理员的行为和用户的行为都有详细的审计记录，从而保证每个用户的行为有据可查，确保涉密数据传输的可追溯性。

检察机关由于涉密网的特殊性，在现阶段部署桌面虚拟化难免会遇到一些问题。如果我们根据检察机关自身的业务特点进行全面的考量、合理的选择，完全能够找到桌面虚拟化技术应用于检察机关的最佳解决方案，并且会比传统的物理环境更安全。▲

新形势下鉴定人出庭问题研究

文 | 最高人民检察院检察技术信息研究中心　　王宁敏

一、概述

关于鉴定人出庭的问题一直是司法实践中的热议问题，刑事诉讼法在2012年（根据2012年3月14日第十一届全国人民代表大会第五次会议《关于修改〈中华人民共和国刑事诉讼法〉的决定》第二次修正）进行了最新一次修订，形成了新形势下我国现行的刑事诉讼法。此次修订后，修改后刑事诉讼法共有5个条款（第48条、第62条、第145条、第187条、第192条）专门规定了鉴定人出庭的相关事宜：

1. 将“鉴定结论”修改为“鉴定意见”；鉴定人进行鉴定后，应当写出鉴定意见，并且签名（第48条、第145条）。

2. 明确鉴定人出庭的条件，以及不出庭的法律后果（第187条）。

3. 加大对犯罪嫌疑人人权的保护力度，可以申请鉴定人出庭，可以申请专门知识人出庭（第187条、第192条）。

4. 加大对鉴定人及近亲属的保护力度（第62条）。提出了应当采取以下一项或者多项保护措施：（1）不公开真实姓名、住址和工作单位等个人信息；（2）采取不暴露外貌、真实声音等出庭作证措施；（3）禁止特定的人员接触证人、鉴定人、被害人及其近亲属；（4）对人身和住宅采取专门性保护措施；（5）其他必要的保护措施。

5. 鉴定人的地位向普通证人方向靠拢，许多条款将证人和鉴定人放在一起（第62条等）。

二、司法鉴定人出庭是现行司法制度的要求

（一）鉴定人出庭的必要性

1. 尊重和保障人权

刑事诉讼是人权实践最为集中的领域，这次刑事诉讼法的修订不仅将“尊重和保障

人权”明确写入刑事诉讼法总则，同时还通过完善证据、辩护、侦查措施、强制措施、审判程序等具体制度进一步加强了司法人权的实际保障，在立法层面实现了刑事诉讼理念和机制体制的历史性进步。

2.强化程序公正

（1）此次修订更加重视程序公正的独立价值，体现了进一步强化程序公正，实体与程序并重的精神。比如，完善了证人出庭作证制度，对于必须出庭的证人拒不出庭，可以强制其到庭。

（2）设立了鉴定人出庭制度，经法院通知，鉴定人拒不出庭的，其鉴定意见不能作为定案的依据；设立了专家辅助人制度，使得控辩双方可以平等地就专业问题展开辩论等。

（3）突出直接言词诉讼原则，强化庭审中心。长期以来我们的刑事诉讼以法庭审查书面供述和证人证言为主要内容，通过设置如强化证人、鉴定人出庭，完善辩护制度等一系列制度和机制，直接或者间接凸显了促进构建以法庭审理为中心的刑事诉讼格局的立法精神。

（4）完善证据制度，强化证据裁判。2010年，“两院三部”制定了关于“办理死刑案件审查判断证据若干问题”和“办理刑事案件排除非法证据若干问题”的两个规定，为建立统一的证据制度奠定了良好基础。

修改后刑事诉讼法在此基础上，从完善证据种类、细化证明标准等方面作了较为详尽的规定。在基本法的层面上第一次建立了比较完善的证据制度。

（二）鉴定人出庭是法治进步的必然结果

1.我国的刑事诉讼法从无到有，从注重国家对社会的管控，强化国家权力到注重人权保障，注重保护犯罪嫌疑人、被告人的合法权利，兼顾打击与保护双重价值，决定鉴定人出庭制度的必然出台。

2.我国的刑事诉讼结构从审问式向抗辩式，从抗辩式形式的确立到逐步完善，从建立抗辩式的形式到赋予抗辩式实质内容的发展逻辑决定了鉴定人出庭制度的必然出台。

3.我国刑事诉讼证据制度的不断完善，从重口供、重书面证据，到重物证，重科学证据的内在逻辑决定了鉴定人出庭制度的必然出台。

4.我国刑事诉讼实践中刑讯逼供屡禁不止，冤错案件时有发生，要求建立非法证据排除制度，不仅仅依赖被告人的口供定案，必然要求更加注重依据客观证据，决定了鉴定人出庭制度必然出台。

（三）司法鉴定人出庭现行法律、法规规定

1.全国人大常委会关于司法鉴定管理问题的决定（以下简称《决定》）。

第11条从证据法的角度对鉴定人出庭作证问题作了明确的规定，在诉讼中当事人对鉴定意见有异议的，经人民法院依法通知，鉴定人应当出庭作证。

2.修改后刑事诉讼法。

（1）第48条明确规定“鉴定意见”是法定证据之一。

（2）第187条明确规定鉴定人出庭及不出庭后果：公诉人、当事人或者辩护人、诉讼代理人对鉴定意见有异议，人民法院认为鉴定人有必要出庭的，鉴定人应当出庭作证。经人民法院通知，鉴定人拒不出庭作证的，鉴定意见不得作为定案的根据。

（3）第192条首次提出了专家辅助人制度：法庭审理过程中，当事人和辩护人、诉讼代理人有权申请通知新的证人到庭，调取新的物证，申请重新鉴定或者勘验。公诉人、当事人和辩护人、诉讼代理人可以申请法庭通知有专门知识的人出庭，就鉴定人作出的鉴定意见提出意见。

3. 最高人民法院关于适用《中华人民共和国刑事诉讼法》的解释（以下简称最高法司法解释）。

第 86 条（鉴定人不出庭的后果）：经人民法院通知，鉴定人拒不出庭作证的，鉴定意见不得作为定案的根据。鉴定人由于不能抗拒的原因或者有其他正当理由无法出庭的，人民法院可以根据情况决定延期审理或者重新鉴定。对没有正当理由拒不出庭作证的鉴定人，人民法院应当通报司法行政机关或者有关部门。

第 87 条（检验人不出庭的法律后果，这里指没有法定司法鉴定机构，或者法律、司法解释规定可以进行检验的种类，如文物鉴定、珠宝鉴定、建筑工程质量鉴定等）：对案件中的专门性问题需要鉴定，但没有法定司法鉴定机构，或者法律、司法解释规定可以进行检验的，可以指派、聘请有专门知识的人进行检验，检验报告可以作为定罪量刑的参考。对检验报告的审查与认定，参照适用本节的有关规定。经人民法院通知，检验人拒不出庭作证的，检验报告不得作为定罪量刑的参考。

三、出庭质证鉴定意见需要审查的内容

鉴定人出庭质证的焦点多为鉴定意见。最高院司法解释第 84 条明确规定，对鉴定意见应当着重审查以下内容：

（一）鉴定人和鉴定机构是否具有法定资质

国家对从事司法鉴定业务的鉴定人和鉴定机构实行登记管理制度：

1. 鉴定人应具备鉴定资质的条件

（1）鉴定业务范围要求。

鉴定人是否在下列四类鉴定业务范围内从事鉴定工作。《决定》规定的四大类：①法医类鉴定；②物证类鉴定；③声像资料鉴定；④其他鉴定事项。

（2）资历、能力要求。

这主要是审查鉴定人是否具备解决案件中专门问题的科学知识和技能。《决定》第 4 条规定具备下列条件之一的人员，可以申请登记从事司法鉴定业务：①具有与所申请从事的司法鉴定业务相关的高级专业技术职称；②具有与所申请从事的司法鉴定业务相关的专业执业资格或者高等院校相关专业本科以上学历，从事相关工作五年以上；③具有与所申请从事的司法鉴定业务相关工作 10 年以上经历，具有较强的专业技能。因故意犯罪或者职务过失犯罪受过刑事处罚的，受过开除公职处分的，以及被撤销鉴定人登记的人员，不得从事司法鉴定业务。

2. 申请登记的鉴定机构应具备的条件

《决定》第 5 条规定法人或者其他组织申请从事司法鉴定业务的，应当具备下列条件：（1）有明确的业务范围；（2）有在业务范围内进行司法鉴定所必须的仪器、设备；（3）有在业务范围内进行司法鉴定所必须的依法通过计量认证或者实验室认可的检测实验室；（4）每项司法鉴定业务有 3 名以上鉴定人。

（二）鉴定人是否存在应当回避的情形

鉴定人是否依法回避，鉴定活动是否受到不当干扰，是否仔细、认真，有无受到外界影响，有无徇私、受贿，或受到威胁、引诱、欺骗，而作虚假鉴定的情况。

根据刑事诉讼法和相关规定，鉴定人及其近亲属与本案有无利害关系，或有其他可能影响客观鉴定的情况，作为诉讼参与人的鉴定人应当遵守法律有关回避的规定，以确

保鉴定人的中立客观，确保所作出的鉴定意见的真实性。对于鉴定人应当回避而未回避的，鉴定意见不得作为定案的根据。

（三）检材的来源等是否与记载的内容相符

检材的来源、取得、保管、送检是否符合法律、有关规定，与相关提取笔录、扣押物品清单等记载的内容是否相符，检材是否充足、可靠。

1. 检材及其来源问题。鉴定活动必须有供鉴定所用的检材，而检材的来源是否真实、合格、合法都直接关系到鉴定意见的正确、合法、有效。

2. 检材的取得及其保管、送检等是否符合法律和相关规定。检材的取得和保管方式是否符合操作规范，直接影响检材的检验结果或鉴定意见。如视听资料的取得，是否为原件，有无复制及复制份数，是复制件的，是否附有无法调取原件的原因、复制件制作过程和原件存放地点的说明，制作人、原视听资料持有人是否签名或者盖章；又如在DNA检测和毒物分析中，作为供鉴定材料的毛发、汗液、尿液等多数是微量的，甚至是不可再次获取的，需要严格保管措施才不致受污染，才能保证最终检验结果具有较高的品质。作为鉴定对象的检材在收集、保管、送检等环节的操作都应符合法律和相关规定，同时其与相关提取笔录、扣押物品清单等记载的内容是否相符，这些环节都可能对鉴定意见的客观性产生较大影响。

3. 检材是否充分、可靠是鉴定意见正确的一个重要前提条件。鉴定所依据的材料如果不充分，如果数量太少，或质量太差，如做DNA血迹量太少、鞋印非常模糊，或者鉴定材料不可靠，调换了应予鉴定的材料如X光片等，就必然会影响鉴定意见的真实可靠性。

（四）鉴定意见的形式要件等是否完备

鉴定意见的形式要件是否完备，是否注明提起鉴定的事由、鉴定委托人、鉴定机构、鉴定要求、鉴定过程、鉴定方法、鉴定日期等相关内容，是否由鉴定机构加盖司法鉴定专用章并由鉴定人签名、盖章。

鉴定意见的形式要件包括鉴定意见的书面格式（鉴定文书的类型）和内容、鉴定人的人数、鉴定人的签名或盖章等问题。鉴定意见在形式内容上的完善程度，不仅影响到鉴定意见本身的合法性和规范性，而且也会影响到鉴定意见的真实性；鉴定过程和鉴定使用的方法是否科学，根据这样的设备和方法所作出的鉴定意见，可靠性有多大。

（五）鉴定程序是否符合法律、有关规定

鉴定人进行鉴定时，是否依法回避，鉴定过程是否受到外界影响；鉴定人是否依照法律、法规、职业道德和职业纪律，基于专业知识，遵守技术操作规范，就专业性事项进行鉴定；鉴定人是否独立进行鉴定，对鉴定意见负责并在鉴定书上签名或盖章；若为多人参加的鉴定，对鉴定有不同意见的，是否注明并签名或盖章。

（六）鉴定的过程和方法是否符合相关专业的规范要求

鉴定人是否按严谨的操作规程实施鉴定活动，鉴定过程中实验室仪器设备运转是否正常等问题。鉴定人在保证结果的准确性时，应当选择与自己实验室条件匹配同时又能满足鉴定需求的鉴定方法进行鉴定。鉴定人鉴定时方法可参考的科学判断法则有以下两种:

1. 弗赖伊 -Frye 法则（1923）。鉴定技术有无被该专门领域普遍接受，且通过相关性及可信赖性原则的考查。如国标（GB）：司法语音及声学检验术语。行标（GA）：法医损伤程度鉴定的轻、重伤标准等。

2.多伯特-Daubert法则（1993）：（1）该科学理论是否可被证实；（2）有无正式发表并经同行审查；（3）误差率是多少；（4）是否被相关科学领域所普遍接受。如我国在法医物证学领域，要求相关实验室在管理要素和技术要素上满足ISO/IEC 17025标准。

（七）鉴定意见是否明确

鉴定意见是否有科学根据，论据是否可靠，论证是否充分，论据与结论是否有矛盾，结论是否明确。在司法实践中，鉴定人运用专业知识对刑事诉讼中的专门性问题进行鉴别和判断后，需要作出明确意见。“可能是”、“倾向是”、“不排除”等不明确意见，在刑事案件中没有证据价值，更没有证明力。当然由于鉴定对象的不同，鉴定意见的表述也各不相同，但应当提出明确的判断意见。

（八）鉴定意见与案件待证事实有无关联

每个案件的各个环节都是有机联系的，鉴定意见仅是其中的一个方面，判断鉴定意见是否科学、正确，一个重要的方法就是将鉴定意见与全案其他证据情况进行联系对照。若经审查鉴定意见与案件待证事实之间并无关联，则该鉴定意见不具有证明价值，应当予以排除。

（九）鉴定意见与勘验、检查笔录及相关照片等其他证据是否矛盾

综合全案证据对某项证据进行审查判断，是证据审查判断的基本要求和方法。对于鉴定意见的审查与判断亦应如此，应注意与其他证据之间能否印证，是否存在矛盾。应重点审查“鉴定意见与勘验、检查笔录及相关照片等其他证据是否矛盾”。

（十）鉴定意见是否依法及时告知相关人员，当事人对鉴定意见有无异议

鉴定意见是指在诉讼过程中对于案件中的专门性问题，按照诉讼法的规定，经诉讼当事人申请、司法机关决定或司法机关主动决定，指聘具有专门知识的鉴定人运用科学技术方法，对专门性问题作出的科学判断结论，是法定证据之一。所以依法实行鉴定意见的告知，并了解当事人对鉴定意见有无异议，是证据开示程序的重要内容，是诉讼程序正义的重要组成部分。

四、鉴定人出庭接受质证的注意事项

（一）做好出庭前的准备工作

1.接到出庭通知后，立即将原鉴定档案材料调出，温习全部内容。

2.与本案的承办法官联系，详细了解案件当事人双方及其代理人对鉴定所提出的疑点、难点和争议焦点。

3.准备出庭材料。出庭材料包括两部分：一是以原鉴定书为基础，详细阐明鉴定情况。主要有鉴定过程、检验所见、鉴定意见及其依据、必要的补充说明等。具体应从以下5个方面准备出庭材料：（1）叙述鉴定或委托鉴定程序的合法性；（2）鉴定依据和材料；（3）鉴定设备和方法；（4）鉴定意见的真实性；（5）鉴定意见和科学根据。二是答辩材料。经与案件承办法官联系，在庭审前了解对方对鉴定的质疑，梳理案件的疑点、难点和争议焦点；或者通过自己的分析预测法庭可能对有关鉴定提出的问题列出清单，拟写答辩材料。

4.在准备材料过程中，如果发现自己原来的鉴定中存在某些不足之处，一定要进行补充完善。

5.心理准备。鉴定人员在受理案件之初就应做好出庭质证的思想准备，并在此基础

上进行全面、细致的庭前准备工作，真正做到心中有数。

6. 证件准备。鉴定人出庭前应当准备好能证明鉴定人身份的身份证、工作证，能够证明其学历、专业职称和鉴定人资质的各种有效证件，能证明鉴定单位鉴定资格的复印件或证明信等，以备开庭时接受查验。

（二）法庭上的言谈举止

1. 着装整洁，容貌端庄，仪表大方。身为专家，应穿着职业装或制服，这样在庭审中有利于树立鉴定人工作的严谨形象。

2. 在质证过程中要听从审判长的指挥，遵守法庭纪律。允许发言时才发言。

3. 宣读鉴定书要沉着、冷静，口齿清楚、语言坚定；回答问题时要把握情绪和态度，避免情绪激动，要充满自信。

4. 回答问题仅限于司法鉴定的范围，且应当简明扼要，注重条理性、逻辑性，有理有据，要避免使用模棱两可、含混其词的语言。

5. 质证结束后，审判长宣布鉴定人退庭时，鉴定人应立即退出法庭。

6. 鉴定人应了解质证发问的先后次序和发问的方式。庭审中询问鉴定人应遵循以下规则：（1）发问的内容应当与本案的鉴定相关。（2）不得以诱导方式提问。（3）不得威胁鉴定人，也不得损害鉴定人的人格尊严。（4）法官对于向鉴定人发问的内容与本案鉴定无关或者发问的方式不当的，应当制止。（5）鉴定人认为发问的内容与本鉴定无关或发问方式不当提出异议的，法官应当判明情况予以支持或者驳回。（6）发问的先后顺序应当遵循交叉询问规则。

五、鉴定人出庭应培养的素质

（一）专业技术的素质：包括理论和实践两方面内容

1. 司法鉴定人应具备扎实的基础理论知识。司法鉴定人是运用专门知识或者技能，对案件中的某些专门性问题进行鉴别或者判定的人。其业务素质的高低，直接关系到鉴定结论的正确与否，更对审判结果产生重要影响。因此，司法鉴定人必须具有与其所从事的司法鉴定领域相一致的专业知识，掌握其深厚的基础理论和熟练的运用技术，并具备一定的学历条件。

2. 司法鉴定人应具备较强的实践能力和丰富的实践经验。法医类、物证类和声像资料类等司法鉴定活动都需要一定的实践能力，尤其是物证类司法鉴定在鉴定活动中对经验依赖性较高，在一定程度上，实践经验对鉴定活动的效率、鉴定结论的正确与否都起着十分重要的作用。因此，这类司法鉴定人必须具有一定年限从事本专业司法鉴定工作的实践经验，经过考核办案的数量和质量达到规定的要求，能独立解决本专业司法鉴定工作的实际问题，才能切实履行鉴定义务，保障当事人的诉讼权利。

（二）法律知识的素质

司法鉴定具有科技与法律的双重属性。司法鉴定本质上是一种协助司法机关解决诉讼中某些专门性问题的科学认识活动，旨在补充司法人员专门领域知识之不足，以达到正确判断之目的。它既有科学性的内容，又有法律性的要求，体现了法律性与科学性的统一。司法鉴定活动作为诉讼过程的一部分，司法鉴定人在鉴定过程中必然会遇到一些与法律相关的问题，这些问题往往是认定案件事实的重要因素，一个合格的司法鉴定人必须具备一定的法律基础知识，才能在鉴定过程中对案件事实有更清楚的认识，才能做出正确的鉴定意见。

（三）出庭作证能力的素质

鉴定人出庭能力是多方面的，心理素质

和质证能力（应变能力、表达能力和辩论能力）以及法庭质证的一些基本技巧等，这些对鉴定人来说是一种巨大的挑战，也是鉴定人不愿出庭质证的原因之一。例如，能否捍卫自己正确的鉴定意见，说服法庭采信自己的鉴定意见，防止钻入法庭辩论的陷阱，就有赖于鉴定人出庭接受质证全过程中的语言表达能力、答辩技能和临场发挥。出庭作证实战能力，不是一朝一夕能够达到的，它是鉴定人综合文化素质的体现，需要鉴定人在长期的实际工作中和平时的文化学习中，有目的地广泛借鉴和培养。

（四）职业道德的素质

职业道德是从事一定职业的人们在执行职务、履行职责时所应遵守的道德规范。司法鉴定的公正性来源于鉴定人良好的职业道德。遵循独立、科学、客观、公正的工作原则，实事求是，依法鉴定，不徇私情，不谋私利。坚决杜绝“权力鉴定”、“人情鉴定”、“金钱鉴定”等当今司法鉴定行业普遍存在的不正之风，以保证司法鉴定的中立性、科学性、公正性和权威性。

六、鉴定人出庭应具备的答辩能力和技巧

（一）总的原则

鉴定人在回答对方辩护律师、专家辅助人及其当事人（三者统称发问方）的问题时首先要沉着、冷静，不慌不忙，显出一副胸有成竹、非常自信的神态，给法官们留下一个正直的、可信任的印象。然后按照答辩材料，采取灵活多变的辩论方式，运用逻辑语言，陈述、反问、反驳相结合，不失时机地沉着应对来自法庭各方的问话，但主要是针对发问方的问话。

回答时的技巧：（1）要细心地听取问题，并有针对性地加以回答；（2）要随时准备说：“我不知道”；（3）不要推测，自己没有考虑成熟之前，不要轻率回答；（4）如果问题不清楚，或表达不清楚，或者没听明白，要让律师重复一遍；（5）充分利用反对的权利，对怀疑有刁难性的问题最好用反问的方式让发问方回答；或要求对方用浅显易懂的语言解释得更清楚，以便于自己思考问题和识破发问方问话的用意，适时进行简短回答、反问或反驳，以己之长克彼之短等。

（二）具体做法

1. 掌握发问方常用的几种提问和质疑方式，进行针锋相对的辩论。

（1）抓住鉴定中及答辩中鉴定人鉴定内容和回答上的漏洞、矛盾之处进行质疑或向合议庭阐明。

（2）故意采用迂回式发问法提问、质疑，让你不知不觉中误入圈套，然后突然采用直问法切题，造成鉴定人思路混乱，因准备不足而忙中出错。

（3）围绕相关事实或鉴定人回答错误连连发问，使鉴定人难以招架。

（4）利用相反证据，采取直问法切题，瓦解鉴定人的心理防线，使其心虚慌乱，无以应对。

2. 针对发问方的上述质疑，鉴定人具体答辩应对策略如下：

（1）充分准备答辩材料。答辩材料的高质量是鉴定人稳操胜券的根本保证。

（2）有针对性主动进攻，先发制人。根据通过合法的渠道，如鉴定委托单位，受理该案件的公、检、法机关，或经受理法院批准，向对方当事人的律师了解发问方对鉴定的质疑内容，利用一切机会反驳对方，用事实和相关的法律法规、鉴定标准（国标、行标）和公开发表的参考资料，证实自己的鉴定意见正确和无懈可击。发问方经常考察鉴

定人原始记录、数据、图表照片、文字内容及鉴定标准、法律法规参考资料等是否齐全、合理合法，鉴定意见重现性如何等。

（3）在精神面貌上要充满自信，沉着冷静、不卑不亢，答辩时要论证全面，以全驳偏。在庭审中鉴定人应对正确的鉴定意见采用通俗的语言适当展开，使庭审中双方能够接纳；同时针对发问方以点带面之处，采用以全驳偏的方式攻其偏谬和漏洞，使对方无计可施，招架不住。对于不能回避的问题，原则问题态度明朗，坚硬、果断，紧紧围绕与本案有关的鉴定意见论证；该回避的问题回避，该反驳的问题也不要客气。

（4）使用逻辑语言，攻其矛盾之处，环环相扣。这就要求鉴定人在平时就掌握一些辩论技巧，提高综合素质。回答质疑时，语言要简洁明了，语速适中，吐词清晰，切忌拖泥带水，什么都讲；对所提出的问题如未听明白时，应该让对方再叙述一遍，思考后再回答；对鉴定无关的内容不予回答；庭审中如有多人多种鉴定意见，质证时不必对他人鉴定意见进行评判。

（5）原则问题不让，枝节问题不辩。切忌感情冲动，跟着发问人的思路走，假如在枝节问题上出现了失误，对方久问不止，应及时向合议庭提出反对意见，提醒对方回到原则问题上来。只要不影响鉴定意见正确性的问题，就不去辩论。

（6）充分利用反对权，争取审判人员、鉴定有利方当事人及律师以及公诉人的支持。凡与本案鉴定无关或枝节性的问题，或者当发问方使用诱导性语言时，应及时提出反对请求。

（7）对于确属自己工作疏忽造成的鉴定失误或错误，要勇于面对。该补充鉴定内容的，要及时同意补充有关鉴定内容，并认真做好补充鉴定工作；该重新鉴定的内容，尤其在鉴定人无法拿出足够的证据证明自己的鉴定意见正确时，要主动承认鉴定失误或错误，正确对待由此产生的法律后果，讲清鉴定出错的原因，并说明是否属于主观故意，以争取在法律上的主动，及时同意重新鉴定。

七、目前在出庭中遇到的问题

（一）专家辅助人

1. 刑事诉讼法及其最高法司法解释明确规定设立有专门知识的人（专家辅助人）出庭制度

修改后《刑事诉讼法》第192条及其最高法司法解释第217条规定可以申请法庭通知有专门知识的人（专家辅助人）出庭，就鉴定人作出的鉴定意见提出意见。有专门知识的人出庭，适用鉴定人出庭的有关规定。

设立专家辅助人，有利于对鉴定人进行充分质证。专家辅助人在质证过程中可以在当事人的授权下直接向鉴定人发问，也可以在当事人以及律师的对鉴定人的询问中作必要的提示。从而使鉴定意见的证明力可在专家辅助人具有针对性的提问中得以清晰的呈现，避免鉴定人即使出庭，也得不到充分质证。

2. 专家辅助人的属性

（1）专家辅助人不是我国现行法律规定的证人，专家意见也非现行法律意义上的证人证言，其存在不是其与案件间存在某种客观联系，而是诉讼证明的需要。

（2）专家辅助人不是我国现行法律规定的鉴定人，专家意见也非现行法律意义上的鉴定意见，其所发表的意见也不是证据。专家辅助人的专业性意见可以更好地检验鉴定意见证据能力的客观性和合法性，同时使审判者合理判断其关联性。

（二）鉴定人出庭制度的不完善

1. 鉴定人出庭作证的经济补偿没有规定

鉴定人出庭作证的权利义务不对等。权利和义务相统一是法律设定义务的前提，不存在无权利的义务，也不存在无义务的权利。现行法律规定了鉴定人应当出庭作证，但出庭作证需要投入大量的精力时间以及一些费用开销（如鉴定人因出庭作证而造成的差旅费、交通费、误工费、劳务报酬等费用），对这些都没有规定补偿原则。

要确保鉴定人出庭作证程序的完成，就必须完善鉴定义务，但是鉴定人因出庭作证而造成的差旅费、交通费、误工费等损失无论是从我国的民法还是劳动法上来讲都是应该得到合理补偿的，所以我们认为应该制定有关鉴定人出庭作证造成的经济损失的补偿标准和补偿方法。当然，对故意提供伪造、虚假鉴定意见的鉴定人因出庭作证造成的损失不应该给予补偿，相反还应该让有过错的鉴定人承担其过错责任。

2. 鉴定人无法出庭的情形没有规定

对证人无法出庭可准许不出庭以及出庭的经济补偿均有明文规定，但对鉴定人没有规定。

最高法司法解释第 206 条：证人具有下列情形之一，无法出庭作证的，人民法院可以准许其不出庭：（1）在庭审期间身患严重疾病或者行动极为不便的；（2）居所远离开庭地点且交通极为不便的；（3）身处国外短期无法回国的；（4）有其他客观原因，确实无法出庭的。具有前款规定情形的，可以通过视频等方式作证。

修改后《刑事诉讼法》第 63 条规定，证人因履行作证义务而支出的交通、住宿、就餐等费用，应当给予补助。证人作证的补助列入司法机关业务经费，由同级政府财政予以保障。有工作单位的证人作证，所在单位不得克扣或者变相克扣其工资、奖金及其他福利待遇。

最高法司法解释第 207 条规定证人出庭作证所支出的交通、住宿、就餐等费用，人民法院应当给予补助。▲

浅议鉴定人出庭作证的几个程序问题
——从一例司法会计鉴定案件谈起

文 | 江苏省南京市人民检察院　吴宇春　胡晓东

司法鉴定人出庭接受质证，是从 1996 年开始纳入刑事诉讼程序的。但 1996 刑事诉讼法只是对鉴定人出庭作证在法条上做了表述，对鉴定人不出庭作证将产生的后果则未予规定。2002 年最高人民法院《民事诉讼证据规则》第 59 条虽然规定了“鉴定人应当出庭接受的当事人的质询”，但同时也规定:“鉴定人确因特殊原因无法出庭的，经法院准许，可以书面答复当事人的质询。”因此，虽然鉴定人出庭接受质证对案件的审判十分重要，但因为没有硬性要求，实践中鉴定人几乎不出庭。针对这一情况，2012 年通过修订的刑事诉讼法完善了鉴定人出庭制度，规定，“经人民法院通知，鉴定人拒不出庭作证，鉴定意见不得作为定案的根据”， 2012 年通过修订的《民事诉讼法》第 78 条规定:"当事人对鉴定意见有异议或者人民法院认为鉴定人有必要出庭的，鉴定人应当出庭作证。经人民法院通知，鉴定人拒不出庭作证的，鉴定意见不得作为认定事实的根据；支付鉴定费用的当事人可以要求返还鉴定费用。"至此，鉴定人从幕后走到台前已是必然。

然而，因为相应理论和实践的缺乏，鉴定人出庭过程中不可避免地会遇到一些程序适用上的具体问题。下面，笔者结合亲身办理的一起司法会计鉴定案件，探讨鉴定人出庭作证程序中的几个具体问题。

2012 年 10 月，笔者所在的鉴定中心受侦查部门委托，要求对犯罪嫌疑人王某某涉嫌挪用公款案中涉案资金的走向进行司法会计鉴定。接受委托后，按照《人民检察院鉴定规则（试行）》（2007 年）第 14 条规定，中心指派了 3 名鉴定人参与此案的鉴定；同时，指定了 3 名鉴定人在案件鉴定中的角色，分别是：第一鉴定人（笔者一）、第二鉴定人、鉴定复核人。2012年11月，3名鉴定人共同形成鉴定意见，出具鉴定报告一份。本案一审由市中级人民法院指定的县法院审理。2013年3月，本案的3名鉴定人同时收到县法院出庭通知书，要求鉴定人出庭。在案件一审开庭过程中，辩方律师先就指定管辖程序提出异议，后又要求审查原始举报信，两次导致庭审无法进行下去，3名鉴定人两次到场但均未出庭。2013年10月本案一审上提至市中院，3名鉴定人亦分别收到市中院的出庭通知书，要求鉴定人出庭。

为准备出庭，笔者查阅了相关的法律条文。《刑事诉讼法》第187条规定“鉴定人拒不出庭作证的，鉴定意见不得作为定案的根据”，最高人民法院《关于适用〈中华人民共和国刑事诉讼法〉的解释》第205条规定：“公诉人、当事人或者辩护人、诉讼代理人对鉴定意见有异议，申请法庭通知鉴定人出庭作证，人民法院认为有必要的，应当通知鉴定人出庭作证。”显然，刑事诉讼法及最高法司法解释都明确了鉴定人出庭的必要性。但令笔者困惑的是，本案3位鉴定人同时收到出庭通知，是否意味着共同出具鉴定意见的3位鉴定人都必须出庭？由此引出的另一个问题是：如果3位鉴定人都须出庭作证，那么他们是共同出庭还是分别出庭？

由于相关法律没有更细的规定，笔者针对这一问题与县法院主审法官进行了沟通，得到的口头答复是：因为是辩方律师申请3名鉴定人出庭，故你们都要出庭，出庭方式到底是共同上庭还是轮流上庭也应按照辩方律师的要求。这个答复让笔者感觉到法官在明显地迁就律师，推托自身的裁判责任。案件一审上提到市中院后，笔者又就3名鉴定人共同还是轮流上庭的问题与中院主审法官进行了充分的沟通。该法官当场电话请示了最高人民法院法律政策研究室，给予笔者的口头答复是：法律没有规定鉴定人不能共同上庭，同时最高人民法院《关于适用〈中华人民共和国刑事诉讼法〉的解释》第216条中有“向证人、鉴定人、有专门知识的人发问应当分别进行”的规定，因此应当比照证人出庭的方式，鉴定人逐个上庭接受法庭及控辩方质证。

本案是修改后刑事诉讼法实施后江苏地区首例鉴定人出庭案件，相关法院在整个审理过程中都表现出了相当谨慎的态度，对于辩方律师提出的要求一一给予满足。结果在庭审中，辩方律师步步紧逼，对先后上庭的3名鉴定人提出了3个完全同样的问题，试图通过不同鉴定人回答相同问题时措辞上的差异，将鉴定人逐步带入他们的陷阱，并造成鉴定人之间的说法相互矛盾，不能得逞后又反复以“不能理解鉴定意见”为由就同一问题反复向鉴定人发问，直至法庭进行干预。律师的辩护策略非常明显，就是利用制度漏洞和法官的迁就，无中生有地制造证据瑕疵，企图推翻作为定罪关键证据的鉴定意见。

本案司法会计鉴定意见最终仍被法庭予以全面采纳。笔者在回顾总结此次出庭经验教训的同时，对鉴定人出庭程序上的一些具体问题作了些许思考。

一、法院的出庭通知应向鉴定机构而不是鉴定人发出

本案中，市、县两级法院明知该案鉴定书是以检察机关所属的鉴定中心名义发出，却直接向3名鉴定人发出出庭通知，与当前刑事司法鉴定的组织方式不符。

《人民检察院鉴定规则（试行）》（2007年）第14条规定，鉴定机构接受鉴定委托后，

应当指派两名以上鉴定人共同进行鉴定。《人民检察院刑事诉讼规则（试行）》（2013年）第250条规定，鉴定人进行鉴定后，应当出具鉴定意见、检验报告，同时附上鉴定机构和鉴定人的资质证明，并且签名或者盖章。最高人民法院《关于适用〈中华人民共和国刑事诉讼法〉的解释》第85条第1款规定，鉴定机构不具备法定资质，或者鉴定事项超出该鉴定机构业务范围、技术条件的，鉴定意见不得作为定案的根据。

从上述规定中不难看出，无论是从鉴定工作的开展方式，还是从鉴定文书的效力来看，均反映出鉴定机构才是鉴定工作的组织方、开展方和鉴定文书的出具方，鉴定人仅仅是该鉴定工作的具体执行者和鉴定文书的制作者。鉴定并非是多个鉴定人个人行为的简单组合，而是鉴定人在鉴定机构的授权和指派下开展鉴定工作的综合过程。因此，法院在发出鉴定人出庭通知时，其通知对象应当为出具该份鉴定文书的鉴定机构，而非在鉴定意见上签字的实际鉴定人。

当前，各地一直逐步尝试在地方司法文件中对于鉴定人出庭的具体程序给予明确规定，其中《北京市高级人民法院、北京市司法局关于司法鉴定人出庭作证的规定（试行）》（2008年）第5条表达了与笔者相同的观点，“人民法院决定司法鉴定人出庭作证的，应当在案件开庭审理5日前以通知书的形式通知到需出庭司法鉴定人所在的司法鉴定机构，由司法鉴定机构专门人员在送达回执上签收”。

二、共同署名的鉴定人无须全部到庭接受质证

关于鉴定人是否需要全部到庭的问题，前案中，县法院法官的答复完全是迁就律师，未作任何理由阐述，不足为凭。笔者认为，既然是在同一份鉴定意见上共同署名的鉴定人，只要有一名鉴定人到庭接受质证，就满足了修改后《刑事诉讼法》第187条的要求。换句话说，共同署名的鉴定人无须全部到庭接受质证。

证人证言与鉴定意见属并列且不同种的两类证据，因而诉讼法意义上的证人和鉴定人也是有显著区别的。证人相互独立作证，各自对自己经历、感知的案件情况单独向法庭提供证言，各具独特性，相互之间不可替代；不同证人作出的证言，哪怕内容一致也是不同的证据，有几个证人证言就有几个证据。鉴定意见则完全不同，无论一份鉴定意见有多少鉴定人共同署名，他们都是共同对同一鉴定过程和同一鉴定意见负责，共同形成一份证据，反映了所有署名鉴定人的共同判断。因此，在同一份鉴定意见上分别签字的鉴定人，只能被视作一个整体而非若干独立的个体，他们之间完全可以相互替代；其中的每一位鉴定人，都可以代表这个整体。

鉴定人与证人出庭作证的意义和作用也完全不同。证人出庭作证具备独立、完整的证据意义，法庭只要将其证言记录固定下来，就是一份不需要其他材料辅助的完整证据。而鉴定人出庭，是对已有的鉴定意见作出解释和说明，是围绕鉴定过程、鉴定方法、鉴定意见等专业问题回答控辩审三方的疑问或者质疑，本质上是一种辅助说明；因此鉴定人出庭本身不能形成一个独立的证据，只具有辅助、加强原有证据的意义。可见，鉴定人出庭的人数其实并不重要，只要能达到辅助说明已经存档在卷的鉴定意见的目的即可。

根据以上分析，实践中比较合理的操作方法，应当是受委托的鉴定机构收到法院出庭通知后，根据鉴定意见在案件中的重要程度、鉴定过程的复杂程度以及鉴定人工作的忙闲状况，视情况确定1名以上的鉴定人出

庭，并将结果及时通知法院。前述《北京市高级人民法院、北京市司法局关于司法鉴定人出庭作证的规定（试行）》第 13 条第 2 款也作了类似的规定：下列情形之一的，司法鉴定人经人民法院同意可以不出庭：……两名以上司法鉴定人共同做出的鉴定意见，已有一名鉴定人出庭，并向法院提交了其他鉴定人的书面授权……

三、出庭鉴定人应当同时上庭接受质证

关于出庭鉴定人应当共同上庭还是轮流上庭的问题，前案市中院主审法官经请示最高人民法院后答复笔者时，引用的是最高人民法院《关于适用〈中华人民共和国刑事诉讼法〉的解释》第 216 条“向证人、鉴定人、有专门知识的人发问应当分别进行”的规定。笔者认为，市中院法官及最高人民法院答复此问题的同志对此第 216 条所作表述的理解存在偏差，出庭鉴定人不仅可以而且应当同时上庭接受质证。

“向证人、鉴定人、有专门知识的人发问应当分别进行”这一表述，从语义上分析，其实可以有多层理解。第一层理解，强调对证人、鉴定人、有专门知识的人这三类人之间进行分离，否定的是他们三类或者其中任意两类人同时在场接受问询。这种理解显然是成立的，也是必须的，否则就是开座谈会了。第二层理解，强调不同证人之间、不同鉴定人之间、不同有专门知识的人之间的分离，否定的是两名以上证人、两名以上鉴定人、两名以上有专门知识的人共同在场接受问询。这样理解对证人和有专门知识的人显然也是成立的，因为证人和有专门知识的人都具有个体独立性和自我代表性——证人独立作证、有专门知识的人独立提供本人见解，相互之间不可替代。为了防止证人之间和有专门知识的人之间相互影响，对他们的听证和质证必须遵循个别和隔离的原则，否则就不是作证或提供本人见解，而是讨论了。

鉴定人则有所不同。根据规定，任何一份鉴定意见都只能由两名以上签定人共同出具，因此法条中“鉴定人”的表述其实应当是一个表示群体的复数，不像“证人”和“有专门知识的人”表明的都是作为个体的单数。正如前所述，参与同一鉴定的所有鉴定人只能被视作一个整体而非若干独立的个体，他们之间可以相互替代，其中的每一个鉴定人都可以代表这个整体。由此，对前述第 216 条的表述还应当有第三层理解，即“对鉴定人发问应当分别进行”只能解释为“对同案中出具不同鉴定意见的鉴定人的发问应当分别进行”；唯有这样理解，才能体现作为复数的“鉴定人”与作为单数的“证人”及“有专门知识的人”的差别。基于以上分析，最高人民法院《关于适用〈中华人民共和国刑事诉讼法〉的解释》第 216 条将证人、鉴定人、有专门知识的人予以并列的表述其实是不严谨的，容易造成误读错解。

由上可见，出庭鉴定人同时上庭并不违反现行规定，且符合鉴定意见的证据特点，不存在相互影响的问题。不仅如此，鉴定人同时上庭还非常有利于释明疑惑、查清事实，提高鉴定意见的采纳率。特别是对于相对疑难复杂的案件，各鉴定人在鉴定过程中通常有不同的分工和侧重，最终的鉴定意见既是一致判断、共同负责，也体现出配合协作和集体智慧。鉴定人一起上庭回答法庭问题时，自然形成各有侧重、相互补充的合力作用，有助于清晰地阐明和确切的解释，便于法庭听证、质证和采信鉴定意见，也可防止辩方、控方故意在法律和专业以外的问题上玩技巧、做文章，干扰或拖沓庭审，进而影响公正、客观和审判效率。当然，对于相对简单的案

件和明了易懂的鉴定意见，鉴定机构指派一名鉴定人出庭也可。

综合上述出庭经历、体会和对以上3个问题的初浅思考，笔者认为，鉴定人出庭作证的方式不应简单比照证人的出庭规定，而需准确把握鉴定意见作为专门一类证据的自身特点，结合鉴定人出庭的目的、意义和效果，才能建构出真正有利于公正、高效审判的鉴定人出庭制度。▲

修改后刑事诉讼法环境下完善司法鉴定人出庭作证的对策及建议

文 | 云南省保山市人民检察院　　赵萍
云南省人民检察院　　黎达勋

司法鉴定是指在诉讼活动中鉴定人运用科学技术或专门知识对诉讼涉及的专门性问题进行鉴别和判断并提供鉴定意见的活动。鉴定意见作为一种法定证据，同其他形式的证据一样，必须经过查证属实方可成为定案的依据。鉴定人出庭作证就是对鉴定意见进行质证的重要手段，既是司法机关查明案件事实的现实需要，也是保障当事人质证权的必然要求。最高人民法院《关于行政诉讼证据若干问题的规定》第47条、最高人民法院《关于民事诉讼证据的若干规定》第59条、修改前《刑事诉讼法》第156条、第157条、司法部《司法鉴定人登记管理办法》第21条、全国人大常委会《关于司法鉴定管理问题的决定》第13条等法律规定，对鉴定人出庭作证的权利、义务、法律责任等作出原则性的规定，但实践中对鉴定人出庭作证的重要性缺乏认识，做法上不够统一，操作上不够规范，影响和制约了鉴定人出庭作证所应有的实践与法律效果。修改后的《刑事诉讼法》第187条、第188条在此基础上增加了两条，特别强调"人民法院认为鉴定人有必要出庭的，鉴定人应当出庭作证，经人民法院通知，鉴定人不出庭作证的，鉴定意见不得作为定案的根据"。这些法律依据确立了鉴定人出庭作证制度，为司法鉴定人出庭作证提供了立法上的保障，如何借此契机认真反思现状，积极探索司法鉴定人出庭作证的方法和规律，本文拟就与此有关的问题作一些探讨。

一、司法鉴定人出庭作证的意义及其作用

（一）有利于法庭审查鉴定意见的科学性、准确性、可靠性

鉴定意见作为法定证据之一，它是诉讼过程中遇有专门技术性问题时，由具有专业知识并有鉴定资格的人，应用现代科学技术

知识和手段，对案件中的技术性问题作出书面意见，具有其他证据所不能替代的证明作用。但从法律对证据的收集、审查判断的规则与要求来看，鉴定意见对法庭并无约束力。鉴定意见能否被法庭采信，还需要由法庭进行审查、判断、质证，确认其具有证明力之后，才能作为定案的依据。在当前鉴定人出庭作证尚不统一和规范的情况下，一般是由法官或公诉人宣读书面鉴定意见，由法官主观决定鉴定意见的取舍，或者只要案件当事人对鉴定意见提出异议，不管鉴定意见本身正确与否，均须重新鉴定，这就势必出现缺乏科学准确，甚至不正确的鉴定意见，也被用作定案的依据。而有的鉴定意见本身并无不当，但因其鉴定意见对一方当事人不利，要求重新鉴定，法官由于受专业的限制，客观上难以对鉴定意见作准确的判断，而诉讼法规定，对于鉴定意见，当事人可以申请补充或重新鉴定，法庭一般应予允许，这样做不仅导致重复鉴定，而且也影响了案件的正常审理。如果鉴定人能够出庭作证，在庭审过程中将通过科学方法收集到的有关资料、检验结果、鉴定所依据的客观标准等向法庭作出证明，对有关专业技术性问题加以科学解释以及将可采信的理由和科学依据加以说明，法官及控辩双方就有关技术性问题询问鉴定人，并进行辩论，由鉴定人在诉讼中将鉴定意见客观科学地展现在法庭上，使鉴定意见及其形成的依据公开化，就增加了诉讼参与人与法庭旁听人对鉴定意见认识的透明度、清晰度，从而证实鉴定意见的科学性、准确性、可靠性。

（二）有利于从科学技术角度对作为证据的鉴定意见质证和认证

庭审中，鉴定意见作为法定证据，与其他书证、物证、证人证言、勘验笔录等有所不同，它不仅要求鉴定人提供他所观察到案件中的某些事实，更重要的是要求他在运用专门知识对这些事实进行科学分析和鉴别之后，提出结论性的意见和报告，鉴定意见的上述特性，决定了鉴定人出庭的特殊意义和作用。鉴定人出庭作证，向法庭说明鉴定意见的专业依据和科学理由，并回答控辩双方的提问、质疑，解答法官、陪审员仅仅依靠阅读书面鉴定材料所无法理解的专业疑问。这无疑将使鉴定意见的科学性连同鉴定人的专业资格和水准一起，接受法庭的严格检验和审查。这对于敬业和负责任的鉴定人来说，几乎是一种展示自身专业水平和证明其鉴定意见权威性的宝贵场合，而对于那些水平欠缺而又可能不具备良好职业操守的鉴定人来说，则成为一种难以通过的法庭考试。当然，对于极少数存心不良、徇私舞弊的不良鉴定人来说，出庭作证则可能构成一种具有足够威慑力的预防机制。可以说，在很多案件中，法庭的裁判结论是否公正，在很大程度上取决于司法鉴定意见的可靠性。这种“千钧系于一发”的情况也说明，鉴定人出庭作证无论是对于维护程序公正还是确保裁判结论的公正，都具有至关重要的影响。

（三）有利于提高鉴定人员的工作责任感，促进鉴定质量的提高

鉴定人出庭作证，实际是对鉴定人鉴定的监督和约束，以公平形式对鉴定意见进行全面审查，确定其效力。由于鉴定人受业务水平、职业道德等因素的影响，司法实践中鉴定的随意性较大。鉴定人如果不出庭作证，控辩双方在无法对鉴定人进行当庭询问和质证的情况下，只能对这一份充满专业技术术语的鉴定意见进行流于形式的“质证”和辩论;法官、陪审员对这种带有结论性的鉴定材料也无法作出全面的审查。这样，司法鉴定意

见的真实性、科学性和可靠性就几乎完全决定于鉴定人的专业水平、敬业精神、职业道德，而根本无法受到来自控辩双方的严格审查，更无法受到法庭审判程序的严格规范。一个具有良好职业操守和敬业精神的鉴定人，可能会作出经得起历史考验的鉴定意见，鉴定意见的科学性和权威性也不会出问题。但假如鉴定意见是由某一专业水平欠缺而又可能与控辩双方存在某种利益关系的鉴定人作出的，那么，鉴定意见的可靠性就可能存在问题，将影响法庭裁判的公正性。修改后的刑事诉讼法在着力推动证人、鉴定人出庭的同时，还引入了“专家证人”制度，修改后《刑事诉讼法》第 192 条规定，“公诉人、当事人和辩护人、诉讼代理人可以申请法庭通知有专门知识的人出庭，就鉴定人作出的鉴定意见提出意见”，这一制度的设立，极大地增强了对鉴定意见质证的抗辩性，帮助控辩审三方增强对鉴定意见的解读能力，改变以往仅靠法官、陪审员审查鉴定意见的局限性，鉴定意见的瑕疵可以被及时发现并得到纠正、补充，当事人对鉴定意见的疑问可以得到全面、科学、合理的解释，势必促进鉴定质量的提高。

二、司法鉴定人出庭作证的现状及其原因

司法实践中，鉴定人不出庭作证已成为常态，出庭作证的极少，如保山市人民检察院 2010 年至 2014 年办理的案件中，鉴定人出庭作证的只有 4 例，不到 2%。导致这一现状的原因主要有：

一是立法上的缺陷导致鉴定人出庭作证的启动程序存在一定的随意性。修改后的《刑事诉讼法》第 187 条第 3 款规定：“当事人或者辩护人、诉讼代理人对鉴定意见有异议，人民法院认为鉴定人有必要出庭的，鉴定人应当出庭作证，经人民法院通知，鉴定人拒不出庭作证的，鉴定意见不得作为定案的根据。”这一规定赋予了法院较大的自由裁量权，可能存在法官任意决定鉴定人是否“有必要出庭”的情形，影响法律权威和司法公正的实现。

二是鉴定人出庭作证的权利保障制度不完善。我国现行法律对鉴定人因出庭作证的经济损失如何补偿问题，除最高人民法院《关于行政诉讼证据若干问题的规定》第 75 条有相应规定外，尚没有作出明确具体的规定。鉴定人不出庭还有一个不可忽视的原因就是缺乏有效的司法保障措施，面对威胁、侮辱、恐吓鉴定人的行为，法律及相关部门不能为鉴定人提供有效的保障，鉴定人出庭的心理障碍难以消除，笔者就曾有过出庭结束在庭外遭遇被告人家属围攻的经历。

三是法官认识上的偏差。一些法官认为，鉴定人是受司法机关指派或聘请，帮助司法机关解决诉讼中有关专门性问题的专家，因而对鉴定人的资格、能力、品格高度信赖，对鉴定意见的科学性、公正性毫不质疑，片面认为鉴定意见可以直接作为证据用来认定案件事实，鉴定人出庭与否无关紧要。

四是鉴定人的法制观念淡薄，一些鉴定人认为自己已经按程序出具了鉴定报告，出庭不过是走过场，往往以工作忙、任务重，出庭作证耽误时间，得不偿失或以保守技术秘密为由不出庭作证。还有的鉴定人是害怕遭到当事人或其他人的打击报复，不愿出庭作证。

五是地域条件上的限制。尤其是一些偏远地区法院委托省会城市甚至北京、上海等大城市的权威鉴定机构进行鉴定时，鉴定人与其到庭的法院地理位置相距太远，使鉴定人实际出庭的可能性很小。

三、完善司法鉴定人出庭作证的对策及建议

（一）从法律上进一步明确和细化鉴定人出庭作证的程序

1. 规定鉴定人出庭作证的范围以及不出庭的例外情形。

修订后的《民事诉讼法》第78条和《刑事诉讼法》第187条规定：对鉴定意见有异议或人民法院认为鉴定人有必要出庭作证的，鉴定人应当出庭作证。由于异议范围没有明确界定，是否只要当事人或辩护人对鉴定意见有异议，就应当通知鉴定人出庭作证，还是由法官自由裁量鉴定人是否出庭，实际操作难度较大。为了降低诉讼成本，节约有限的司法资源，在司法公正得到基本保障的前提下，应该规定出庭作证的例外情况：一是双方当事人对鉴定意见无异议的，或虽然有异议，但经鉴定人作出合理解释后，被双方当事人认同的，鉴定人不需要出庭；二是在法庭宣读鉴定报告后，双方当事人对鉴定意见无异议的，鉴定人不需要出庭；三是因路途遥远且交通不便无法出庭的，鉴定人不需出庭；四是因自然灾害等不可抗力或者其他意外事件无法出庭的，鉴定人不需出庭；五是经合议庭认可的其他特殊原因，鉴定人不需出庭，在适用过程中，应对“特殊原因”加以谨慎对待，不宜作出过于宽泛的裁量。

2. 规定对必须出庭而不出庭的鉴定人的责任追究措施。

修订后《刑事诉讼法》第187条规定：经人民法院通知，鉴定人拒不出庭作证的，鉴定意见不得作为定案的根据。这一规定较以往有了较大的进步，但因鉴定人的不履职人为地增加不必要诉讼成本，浪费诉讼资源，法律理应加以规范和制约。对于鉴定人无正当理由拒不出庭或拒绝出庭的，可采取训诫、责令具结悔过、并责令其到庭质证；经训诫后仍不到庭或仍不质证者，法庭可以采取传唤、拘传等措施，强制其出庭作证；对仍不质证的鉴定人或被拘传到庭的鉴定人仍拒不质证者，应视具体情节追究其行政责任，并建议取消其司法鉴定人资格；鉴定人作虚假鉴定，或因严重过失或故意行为，给当事人造成了实际的人身或财产损失的，应承担相应的损害赔偿责任；对于经过法庭多次传唤仍不出庭参与质证的鉴定人，情节特别严重，构成犯罪的，应追究其刑事责任。

3. 健全与完善鉴定人出庭的权利保障措施。

一是健全与完善鉴定人出庭的经济补贴制度。在规定鉴定人出庭义务的同时，应赋予鉴定人相应的权利，并有保障权利得以落实的相应制度，鉴定人对于因出庭而支付的费用以及因作证而影响的正常收入有权要求司法机关给予或通过司法机关要求当事人给予适当补偿。二是完善鉴定人出庭的司法保护制度。对鉴定人出庭作证而言，司法保护措施可以认为是鉴定人出庭作证的基本条件，应做好以下几个方面的保护工作：（1）在保护对象上，不仅要保护鉴定人本人，还要保护鉴定人的近亲属。（2）在保护范围上，不仅要保护鉴定人的身体及其财产权不受侵犯，而且还要保护鉴定人的名誉权、荣誉权及人格尊严不受侵犯。（3）应明确实施保护的司法机关，在侦查阶段由侦查机关负责保护；在起诉阶段由检察机关负责保护；在审判阶段由法院负责保护；终审后，若需继续保护，由人民法院通知鉴定人所在的辖区的公安机关负责保护。

（二）科学而准确地进行鉴定活动是做好出庭的工作基础

鉴定人首先必须改变职权主义模式，树立证据意识，即鉴定意见作为一种法定证据，

必须经过查证属实才能作为定案的依据。鉴定人应与其他诉讼参与人一样出庭作证并接受当事人、律师、法官以及检察官的询问。鉴定人从受理案件起在思想上就应当树立“接受法庭审查”的意识，这就要求鉴定人对于受理的每一件鉴定案件在检验和鉴定时都必须认真、细致、严谨，使鉴定意见更具科学性和可靠性。要做到这一点，鉴定人必须在实施鉴定时，首先要求委托方提供充分的资料，然后进行详细审查，吃透检材，运用必要的仪器进行检测，并客观分析，科学论证，使作出的鉴定意见有根有据，出具的鉴定书必须符合司法鉴定文书的要求。检案中一定不能嫌麻烦、爱面子，或采取推诿、应付的态度，否则，由于工作的不慎或疏忽，很可能成为质证时的“症结”，以致影响质证的效果或法官对鉴定意见的采信。

（三）做好出庭前的准备

鉴定人出庭作证能否达到应有的目的，除了鉴定人所掌握的专业知识、鉴定技能和基础工作是否周密、严谨外，很大程度上还取决于出庭前的准备工作。如检案时无出庭思想，也未做好庭前的准备工作，仓促出庭很可能会出现讲不清事实，回答关键问题论据不足、推理混乱的情况，必然会导致鉴定意见不被采信的风险。因此，充分做好以下几项工作尤为重要：

一是接到出庭通知后，鉴定人应全面回顾案情，熟悉相关材料，再一次对原鉴定意见进行审查，对案件中所涉及的鉴定技术以及工作职责内的问题要了如指掌，分析预测庭审中有可能提出的问题，并列出清单，做到心中有数。

二是与本案的承办法官、检察官联系，详细了解案件当事人双方代理人对鉴定所提出的疑点、难点和争议焦点。此外鉴定人还应针对所出具的鉴定书以及本案的情况进行分析，预测可能出现的发问，尤其要在应对当事人聘请的有专门知识的人提出的专业性、技术性很强的询问上下功夫，然后逐一进行充分准备。

三是准备出庭材料。程序方面的材料包括：鉴定人的身份证、资格证、鉴定机构的资格证，司法鉴定委托书等；实体方面的材料包括：鉴定书，与鉴定意见有关的原始记录材料，以鉴定书为基础，详细阐明鉴定情况，包括鉴定过程、检验所见、鉴定意见及其依据，对可能提出的疑点、难点和争议焦点以答题的形式进行书面准备。

（四）规范鉴定人出庭质证的行为

一是要遵守法庭纪律；二是要着装整齐、举止文明、语言规范；三是庭审中要保持沉稳的心态，回答问题和接受质证时，应当简明扼要，注重条理性和逻辑性，避免使用含糊其词、模棱两可的语言，要用事实说话并保持中立身份，只回答与鉴定意见相关的事实问题，运用答辩技巧，以系统的、严谨的分析论证阐明鉴定意见的正确性。

总之，司法鉴定人要充分发挥其在诉讼中的作用，就必须要注重鉴定的质量，树立鉴定的风险意识，通过不断总结在出庭质证过程中的经验教训，提升专业技能和出庭质证的能力。▲

浅谈常州市人民检察院视讯综合应用的设计整合

文 | 江苏省常州市人民检察院　　滕铁军

随着视频技术的发展，带来了检察机关对视频应用的普及；由于业务部门的应用，促使我们对视频应用有了更多期望。正是这种互动关系的存在，给技术部门将视频新技术引入检察机关带来更多机遇。近年来，围绕高检院、省院条线要求，在院领导的支持下，常州市院技术处坚持以业务为依托，积极发挥自身优势，打造了具有常州特色的视讯综合平台。常州市检察机关数字化视讯综合应用平台纳入了远程提讯、审讯指挥、监所监控、检务督察、警务安全、庭审直播、远程会议、案件讨论、远程接访等九大视频资源，实现了全市检察机关视频资源的集中管理、视频应用的集中调度、视频内容的集中显示和视频数据的集中存储。平台在整合标清和高清数字视频基础上，实现了内外视频接入和多角色在授权前提下的综合应用，不仅可以根据基层院在"远程会议"子平台上的申请灵活安排时间，还可以通过平台同步阅览案件审查报告、卷宗材料及部分证据，案件汇报过程流畅无阻，效率大幅提升。监察部门可以对远程提讯、自侦审讯、控申接待等进行网上实时、动态督察并同步记录，确保干警规范办案。平台还囊括了监所监控、警务安全检查、庭审直播三大在线监督网络，对全市4个看守所监管执法活动、两级院内外部环境、庭审现场状况等进行无缝隙动态化监督。项目建成并发挥作用得益于以下几个方面：

一、统筹规划、注重市院作用

以网络为基础平台的视频应用突破时域的限制，可以实现不同地域、时间限制按需调阅，具备了共享、复用的新特征：一方面联网共享，形成全市检察机关条线上级管理的新方式；另一方面一路视频可以反复、同时和多次调用，体现出视频资源的增值复用。

因此，视频建设以一个单位或一个部门独自建设模式将难以维持，上下级统筹共建是方向。

常州市院作为承上启下的关键节点，其具有的独特位置。从一个区域来讲，全省各地差异较大，求全较难；而以市级为单位，更能兼顾普遍性和特殊性要求，找到平衡点。与此同时，市院与基层院比较也有自身优势，一是从基础上讲，无论是人员、装备、维护等方面市院比区院要强，有利于设备的稳定运行；二是从应用开发上讲，市院可以集中分散在各基层院的业务精英、整合人才实现目标，这也是一个区院无法实现的；三是节约经费角度，以市院为主建设基础平台和研发，区院的大部分硬件投入和软件研发可以节省，总体减少了投资。

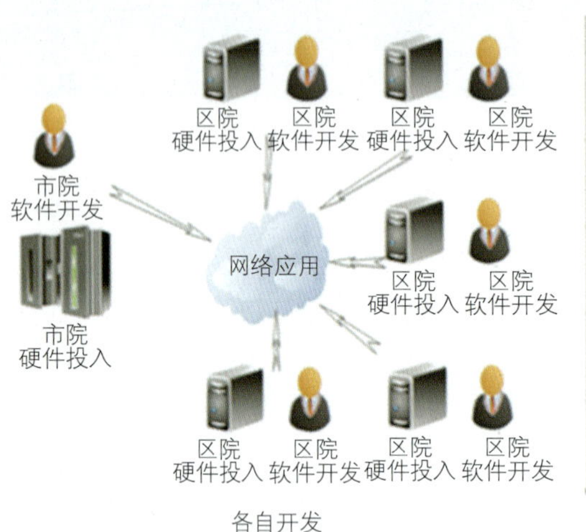

各自开发

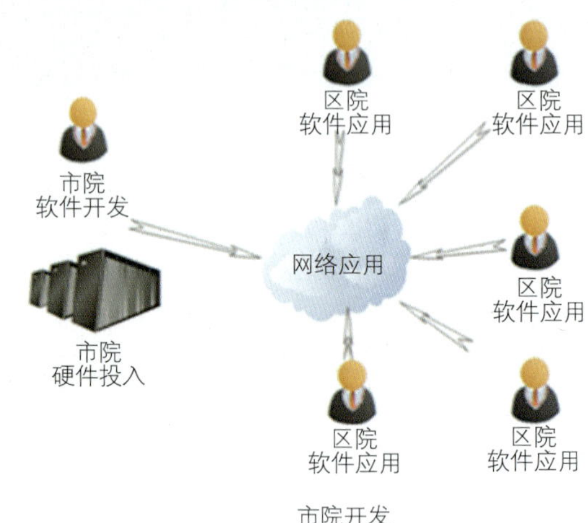

市院开发

>>1

为此，在院领导支持下根据常州检察机关实际情况，在坚持“统一规划、统一标准、统一设计、统一实施”原则的基础上，确立了以市院为龙头、以视讯平台为总线，建立全市共享的视频中心和应用系统平台，共建、共用、共享基础设施的工作思路。形成了项目启动，强调业务需求为基础；项目设计，强调技术部门为主导；部门关系，强调部门之间有互补；上下关系，强调市区两级有侧重的工作机制。

二、方案设计、优化运行基础

视频监控网络化，即通过标准的LAN/MAN/WAN/Internet作为传输视频、音频和数据的中枢链路。常州市检察机关由于建设时间、设备选型等差异，特别是高清视频其数据流量大，实时性要求高等特点。多种因素的叠加，为此视频整合的一些问题，要在方案设计中需要解决。

（一）整合基础平台的选择

从技术的角度出发，视频监控系统的发展，是从模拟视频监控系统（CCTV）转向基于“PC＋多媒体卡”的数字视频监控系统(DVR)现在是基于“智能视频监控管理软件＋芯片及的嵌入式视频编码器”的网络视频监控系统。常州市院采用IP视频综合管理平台（简称：IPMS）方式整合视频应用。依据是：现场不需PC机支持；可全天24小时运行，系统稳定性高；基于Web的系统管理，配置方便；

强大的权限管理和保密功能；兼容模拟视频监控系统；核心信令采用 SIP，实现业务、控制、承载三分离，可以满足未来各种多媒体通信业务融合的需求。

（二）前端设备 IP 改造和选型

视频前端方式输出 IP 信号并直接上网传输，可以方便地布置在网络的任何地方，而且，视频图像可以灵活地在网络上的任何地点被接收，利用网络技术，现场视频图像可以被发送到任何地方。为此我们在方案设计上，传统摄像头采用通过编码器（Video Encoder）对信号压缩编码，实现 IP 方式输出。新增摄像头全部采用 IP 方式输出，具备主码流高清、辅码流标清同时输出的摄像头，既解决了实时图像高清观看，也实现了审讯图像标清刻录。

（三）高清大数据流传输

高清摄像机以 1080P 为例，一个摄像头在网络上传输最低需要 2M，最高需要 8M。通常认为只要物理带宽达到 100M 就可以满足高清视频业务需求，而实际情况却并非如此。用户获得的实际有效带宽（称为通量，Throughput）受时延、丢包的影响，通常远远小于物理带宽，有一种理论认为 100M 的带宽往往只能保持 23M 的通量。

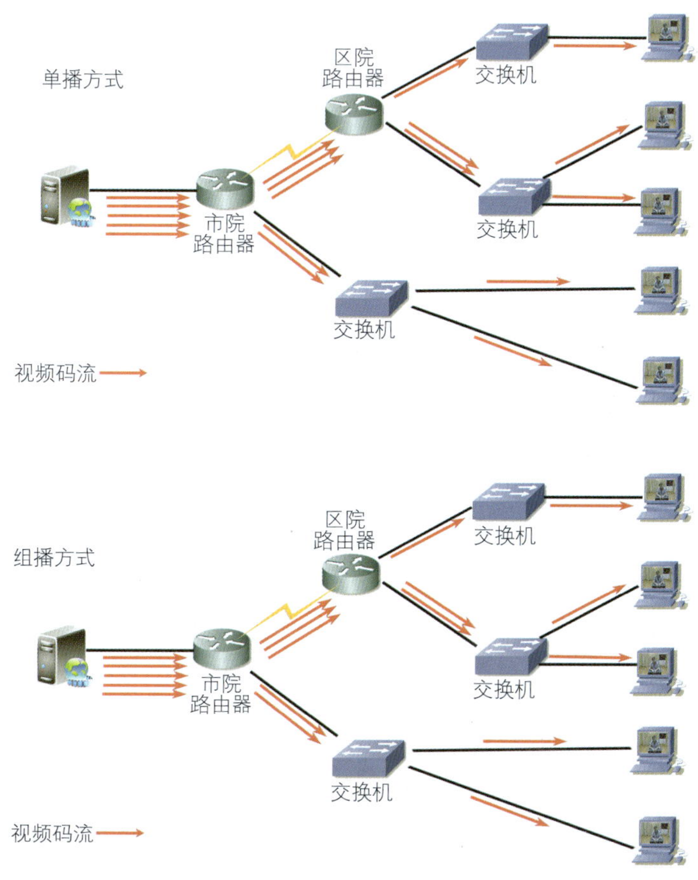

>>2

如图：以市院一人、区院二人共三人，需要看同一视频为例。

单播方式：市院单播服务器将转发三路信号，如果一路信号按 8M 计算，单播服务器向市院路由器发送 24M 码流，在市院与区院运营商线路上，将承担 16M 码流。

组播方式：市院组播服务器将转发一路信号按 8M 计算，组播服务器向市院路由器发送 8M 码流，在市院与区院运营商线路上将承担 8M 码流。

实际工作中，观看视频的人员往往不确定。单播方式的转发数量随着人数变化不断增加，不是一个恒定值。组播方式在网络中转发数量是一个恒定值，观看数量上问题，在末级交换机进行分发，降低了组播服务器和广域网线路的压力。

基于此，常州市院目前市区两级集中部署，采取了 IP 视频综合管理平台与网络配置组播策略相结合，解决了高清视频慢加载、花屏和卡顿现象。

（四）网络控制的方式

根据常州市检察院视讯网络架构，使用 QoS 技术。实现：在流量控制上，通过在核心交换机和出口交换机应用该技术，对客户端访问目的网段进行流量保障。在网络没有发生拥塞时保障视频业务带宽上限可使用流量整形技术，通过减少外出流量的速率来强迫流量遵循带宽的分配限制，并将突发的流量放入流量整形的缓冲区中，当带宽可用时，再将它发送出去，或者是当缓冲的数据包的数量低于配置的限制时，再将它发送出去。当网络发生拥塞时，优先保障视频数据流量。

在流量分配上，部分客户端只访问业务数据时，数据流量最多可占用 30% 的带宽，当业务数据流量不足 30% 时，其他有视频点播需求的客户端流量最多可占用 80% 的带宽。当发生拥塞时，优先保障有视频点播需求的客户端的流量所占总带宽的 80%，业务数据占 20%。

三、软件开发、引进专业技术支撑

视频整合涉及技术领域较广、软件架构设计和当前技术流行趋势等，为此我们依靠专业技术团队，按照高检院部署要求，从视频指挥、视频应用、安全监控和法律监督等角度进行软件开发，以实现系统性整合管理：

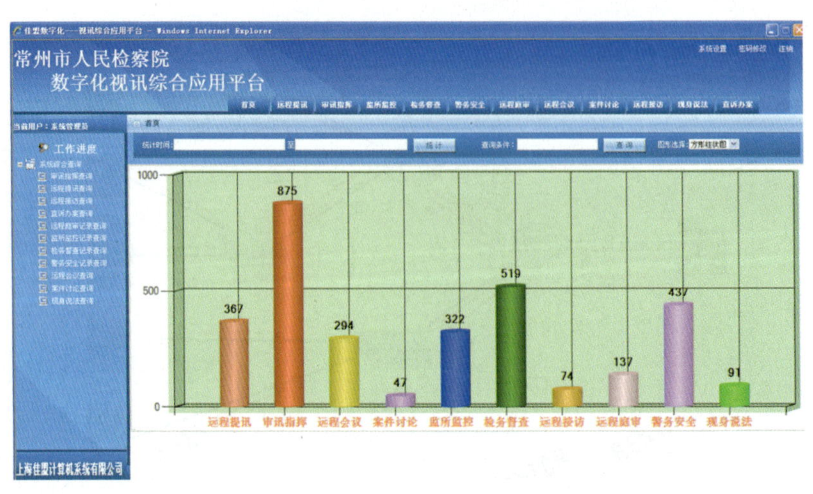

>>3

1.资源化管理框架：系统将监控平台中所有组成单元抽象为资源。如组织、EC、Camera、计划、告警、资源组等都是资源，资源本身不仅具备层次关系，也可以任意划归。从而实现对用户权限的精细灵活划分，权限划分更简洁。

2.跨域资源管理：通过抽象资源技术，域、虚拟域被虚拟为全局的资源，也可以把多个下级域的资源抽象为一个虚拟域，可以对跨域资源进行灵活简洁的权限控制。

3.中心管理调度模块(CMS)：中心管理调度模块是一个基于数据库的后台管理信息软件，是系统的核心业务服务器。负责处理监控的业务逻辑，进行权限等控制。根据业务逻辑需要，会发送命令给流媒体转发集群模块、媒体存储模块等进行处理。

4.设备底层接入：通过对各设备生产厂家的底层接入，实现不同厂家模拟、数字；标清、高清；IPC、NVR、平台等无缝单屏全整合，充分利用、重用现有设备，降低成本。

5.流媒体服务器集群：流媒体转发模块实现对网络中保留的部分标清音视频流的转发，分发和流控制。多个流媒体转发模块可按照网络结构进行级联和支持。流媒体转发模块结合动态负荷分担的智能集群技术，实现了流媒体转发的低时延、易扩展和大容量。

6.数据生命周期管理：通过生命周期管理技术实现新数据满帧存储、历史数据抽帧存储、关键数据长期备份。大大降低了长时间历史数据占用的存储空间。既延长了重要历史数据的存储周期，又降低了存储空间要求。

7.多方式显示：前端设备采集的视频图像、语音、报警等全部信息，既能在监控管理平台的显示设备上集中、综合、同时显示；也能根据相应权限在个人终端展示。

常州市人民检察院视讯综合应用平台经过3年多的运行完善，达到了预期的目标。▲

统一软件运维的精细化管理探索

文 | 山西省人民检察院　　彭瑞峰

随着全国检察机关统一业务软件的上线，软件的运维管理工作成为当前和今后一段时间的一项重要内容。统一业务软件是各业务部门在检察机关信息化应用中的核心体现，是实现全国检察业务数据及时、全面、实时、动态交换数据的重要组成部分，是检察机关规范执法活动，加强内部管理，促进案件监督的关键环节，所以我们从提高办案能力、监督能力和创新能力的角度出发，维护好业务软件、网络服务等，达到“网络不断、数据不丢、系统不瘫”的目标，实现统一软件在运维过程中的安全保密、及时更新的精细化管理。

一、精细化管理的概念及措施

（一）精细化管理的概念

现代管理学认为，科学管理有三个层次：一是规范化，二是精细化，三是个性化。从规范化管理向个性化管理的过渡形态，精细化管理是一种理念，是一种文化。它是源于发达国家 20 世纪 50 年代的一种企业管理理念，是社会分工的精细化，是建立在常规管理的基础上，并将常规管理引向深入的基本思想和管理模式，是以满足用户需求为价值观，以用户驱动价值流动为业务流程观，不断优化业务过程的管理理念。

精细化管理不是烦琐管理、复杂管理，也不是“只见树木、不见森林”，是动态配置和严密控制人员、岗位和部门的操作范围和职权，是要求精确定位、精益求精、细化目标、细化考核。“精确定位”是指对部门和岗位的职能职责要定位准确，对每个系统的各道工序和各个环节都要规范清晰、有机衔接。“精益求精”是要求对待工作标准要高、要求要严，做到尽善尽美。“细化目标”是指对任务进行层层分解，指标落实到人。“细化考核”是指在进行考核的时候，做到定量准确，考核及时，奖惩兑现。

（二）精细化管理的措施

将精细化管理的理论运用到统一软件运维过程中，其核心在“精细”二字，“精”是运维管理的关键环节，“细”是关键环节的主要控制点，精细化管理就是系统解决运维管理过程中的各关键环节及其主要控制点的匹配性。

1.提高认识。领导要高度重视运维管理工作，消除运维无所谓、运维不重要、软件上线就万事大吉的传统观念，应让领导从思想上高度重视软件日常的运维工作，认识到软件使用过程出现的问题不是小事，不要觉得这些小问题不值得一提，抱着无所谓的态度，认为一个问题不重要、两个问题没关系、三个问题不要紧，这样日积月累在系统中积累的问题就越复杂，小问题得不到及时的解决，就会形成大问题，从而会导致系统崩溃，最终解决问题所需耗费的精力和时间也会更多。

2.全员参与。在实施精细化管理中，每一位运维者都是精细化管理的对象、载体和参与者；每一位运维者都是精细化管理的主体和实施者。精细化管理是一个全员参与的过程，精细化管理的目标就是在于让组织中每一位运维者都通过参与到精细化管理的过程中来，最大限度发挥自己的潜力，成为软件运维管理的一个有机组成部分。

3.团队合作。对于需要全面参与的精细化管理来说，公司的运维管理人员和检察机关内部运维管理人员形成一个整体，相互协作，相互配合，然而团队合作是最适合的组织形式。

二、统一软件运维精细化管理的具体措施

软件的生命力在于软件的日常维护和更新，软件在使用过程中，会出现这样那样的问题，如系统报错、后台配置不衔接等问题。这些问题的出现会影响统一软件的使用，所以我们在日常维护中应及时分析问题发生的原因，及时解决问题，将这些问题汇总起来下发给下级院，供下级检察机关对出现的问题随时进行查阅，以便更好地解决统一软件使用过程中存在的问题。下面从管理体制组织结构优化设计、正版软件统一部署管理、网络实时监控及病毒防范等方面分析统一软件运维的精细化管理。

（一）运维管理体制组织结构的优化设计

运维流程与组织之间存在相互制约、相互促进的作用。流程依赖于组织，流程优化能够推动组织的优化，而不合理的组织又制约着流程的进一步优化。在具体流程设计中，角色是流程活动的执行者，角色映射到岗位，一个岗位可以有多个流程中的角色，组成此岗位的多项职责，多个岗位合并到一个组织中去，组成组织的职责。通过建立流程、岗位、组织三者的关系，组织的具体工作职责和目标就得以确定。

（二）服务器和客户端软件的统一标准化管理

1.为使软件在计算机中发挥应有的效用，服务器和终端计算机应安装统一的正版软件并进行统一升级，确保终端计算机的系统稳定运行，如在服务器和终端计算机安装统一的系统软件、杀毒软件、办公软件等，进行统一的标准化管理。

2.信息技术部对于购入的合法软件由专门人员分类保管。软件保管人对软件负保管之责，软件使用者如有使用不当，造成损毁或遗失，应负赔偿责任，制定相应的软件管理制度和惩罚制度。

3. 软件管理人员应定期对软件运行的硬件环境进行检查，防止软件因硬件或系统故障而造成损坏或数据丢失。

（三）加强网络服务器病毒预防的规范化管理

1. 依据软件本身需求定期对主机（服务器）数据进行备份，做好数据备份记录，以便日后数据恢复，软件管理人员应对软件的相关数据文件和审批文件进行存档。

(1) 备份介质的管理：备份的存储介质要标记清楚备份的内容及备份日期，以备日后查对。备份的存储介质要存放在安全保险的固定屏蔽机柜中，以防丢失、损坏。

(2) 服务器系统账户管理：系统管理员账户由信息技术部系统管理员进行管理，系统管理员账户的密码每月更换一次，以防密码泄露。服务器账号为专人保管，为确保系统安全，使用人应每月对账户的密码进行更改。

2. 计算机病毒预防，软件管理人员应定期对软件运行的网络环境进行安全性检查，防止软件因病毒或黑客入侵导致数据外泄，以保证数据安全。

（1）网络主机及单机在使用前必须安装病毒预防软件，并于开机后自动执行。（2）经常从软件供应商下载、安装安全补丁程序和升级杀毒软件。（3）新购置的计算机和新装的系统，一定要进行系统升级，保证修补所有已知的安全漏洞。（4）不要打开陌生人发来的电子邮件，无论它们有多么诱人的标题或者附件，同时也要小心处理来自熟人的邮件附件。（5）每周定期对局域网内的计算机进行同步查杀病毒。（6）当出现计算机病毒传染迹象时，立即隔离被感染的系统和网络，并立即通知信息技术部，不应带毒继续运行。

（四）资源流程设计、网络实时监控和应急预案的精细化管理

网络管理不够集中、运维管理难以综合化，网络层网管功能中“监”强于“控”，对网络业务配置功能和网络设备控制功能缺乏必要的手段。

1. 资源管理流程设计，实时监控硬件运行平台。资源管理流程规范网络资源合理调度和优化配置的组织流程，是运行维护管理效率和网络可靠安全运行的保证。网管中心负责资源使用调度：资源的分配、资源的调整和删除。网管中心网络监测人员负责资源的日常监测，当系统负荷和资源使用率达到预警门限时及时提交网管中心运行调度人员；定期进行资源利用率的统计分析，编写资源月报，通报资源使用情况，并根据业务发展趋势提出工程建设、网络扩容的建议；对核心机房的网络、小机、服务器以及核心交换机的运行状态进行检测，同时制定值班表，随时检查机房的运行状态，确保软件运行过程中及时发现问题，网络不断、服务不停、数据不丢；资源分配后要及时更新资源库，保证操作后所有资源库的内容与网络实际配置一致。各个流程还须明确考核办法，对整个流程考核进行分解，落实到流程中的各个部门、各个环节，以及个人。

2. 研发部署网站和交流论坛，主要从统一软件的总体功能，各业务功能、技术交流、资料下载等方面建立统一软件交流平台，对软件运行中的问题进行了提交，将发现的问题进行交流，并同步汇总到上级院，以便统一维护。

3. 编写系统操作手册，将软件使用的组织机构管理、基础配置管理和收送案配置管理模块进行详细化的描述，按照每次升级版本的功能和配置内容，详细地撰写每一版本

的操作手册，并及时下发给各级院以供大家交流使用，同时将系统升级所解决的问题进行详细描述。

4.搭建两套系统供演练和升级使用，一套系统模拟统一软件的正式环境，每次升级前先在模拟环境中进行升级，确保在正式库中升级实现低出错率，在模拟环境中进行数据同步配置工作和案件流转演练；另一套系统在虚拟机上搭建统一软件的虚拟环境，供个人和培训使用，在平时运行过程中可以模拟真实案例进行测试，确保案件不错，流程衔接等问题，积累一定的经验。

5.应急预案规定的故障处理，当人为或病毒破坏的灾害发生时，判断破坏的来源与性质，断开影响安全与稳定的信息网络设备，断开与破坏来源的网络物理连接，跟踪破坏来源的IP或其他网络用户信息，修复被破坏的信息，恢复信息系统。具体按照灾害发生的性质分别采用如下方案：

（1）病毒传播：及时断开传播源，判断病毒的性质、采取有效措施清除病毒。

（2）网络线路中断或硬件设备故障：可根据相应工作流程尽快排除。

网络线路中断或硬件设备发生故障，应派技术人员迅速判断故障节点，查明故障原因，并及时予以恢复。如果属于线路故障，应重新安装线路。如果属于防火墙、交换机、网闸等配置文件破坏或网络设备故障，应迅速按照要求重新配置或取出备用设备接上，并调试畅通。

（3）外部电源中断后，根据相应的情况作出应急。

外部电源中断后，应立即切换到备用电源，并立即查明原因。如因中心机房内电源设备故障，应立即更换新设备恢复供电。预计停电4小时以内，由UPS供电，预计停电8小时以内，关掉非关键设备，确保各主机、路由器、交换机供电，预计停电超过8小时，暂停所有设备运行。

（4）黑客攻击或服务器遭破坏性攻击时：对于网络入侵，定位入侵的IP地址，限制入侵地IP地址的访问，在无法制止的情况下可以采用断开网络连接的方法。

管理人员实时掌握网络的运行维护状况，及时指导、组织、协调和督促网络的运行维护工作，使运行维护的工作流程实现端到端的自动化闭环管理。

三、统一软件运维精细化管理的制度优化

运维管理是检察机关信息化建设的重要组成部分，是采用专业的信息技术和方法，对用户的软硬件环境、计算机网络、应用系统及运维服务流程等进行的综合管理，其目的是保障系统与网络的可用性、安全性和业务持续性，尤其是保障检察机关关键业务统一业务应用系统7×24小时的稳定可靠运行，提高其运行效率和服务质量，故统一软件的运维离不开制度的优化。

（一）制定标准化的运维管理制度

制定一系列的运维管理制度，第一，要制定机房管理制度，机房是软件运行的基础环境，要保证机房的科学化、标准化和规范化的管理，让机房运维人员和管理人员形成规范化的日常巡检制度，报告制度。第二，制度数据库备份和恢复的制度，并且实现实时备份、保证数据能够在丢失的时候及时恢复，同时制定软件应急预案，保证统一软件正常运行。通过这些方案和制度可以保证硬件和软件的不间断运行。第三，制定运维管理人员使用和维护统一软件制度，外包人员在下班前写工作总结，发邮件给相关责任人，包括当天解决的问题，碰到的困难，怎么解决。

外包人员每周周末下班前写好每周总结和下一周的计划，发邮件给责任人，从检察机关的管理人员到公司的管理人员和运维人员进行规范化的管理，实现流程化的运维管理。

（二）加强安全保密、竞赛评比制度

第一，按照保密要求，对统一业务应用系统所涉及的服务器进行安全加固，如安装杀毒软件、修改管理用户密码、配置网络防火墙、屏幕保护等。第二，按照规定，每周修改一次服务器管理账户密码、数据库 SYS 用户密码，以最大限度保障服务器、数据库的使用安全；所有登录主机服务器、数据库的操作都要填写《统一业务操作表》，做到有据可查。第三，组织大比武实际操作竞赛，通过笔试和上机操作两种方式进行评比，检验使用人员对统一软件的熟练程度及使用情况。让每一个办案人员应认识到统一软件的重要性，从而提高办案人员的使用率，规范办案人员的执法活动，吸收各级院在运行过程中的存在的问题和经验。

（三）分析数据、提高理论研究制度

对数据进行实时分析监控和管理、动态掌握数据的变化，基于目前数据的不断增加，要加强统一软件的理论研究，进一步拓宽统一软件的使用范围，同时将理论研究作为统一软件不可分割的一部分，提出如何合理利用统一软件中的数据，通过数据挖掘和数据分析的课题研究进一步加强实践的应用。基于此，高检院已经实现了数据再利用的目标，如人民检察院案件信息公开网的建立就是基于统一业务软件平台应用经验为基础，依据检务公开的严格依法、真实充分、及时便民、开拓创新的原则，利用统一软件所实现的执法信息、流程管理、执法监督的业务数据，从而改进工作方式，规范执法活动，实现检务公开的长效机制的逐步完善的目标。通过课题研究从理论上逐步创新统一软件运维管理的长效机制，拓展其他软件的开发和应用，做到理论联系实践，从而反过来推到统一软件的实效应用。

四、结束语

在统一软件运行维护管理过程中，要完成一个全面的、完善的、具有实际操作意义的集中运行维护管理模式，是一项非常重要的工作，也是适应时代潮流变化的需要。精细化的运维管理除了在人力和规划上要不断优化，在管理体制上要不断创新，建立类似素质训练制度、过错责任制度等有效的管理体制，将工作流程纳入制度化的轨道，做到有法有据，以此消减运维工作中的不良主观因素。▲

从侦查角度浅议智能手机信息提取及利用

文 | 浙江省宁波市海曙区人民检察院　施科迪
福建省福州市平潭县人民检察院　陈锦

随着通讯技术的迅猛发展，智能手机的普及率也越来越高。在近几年查办的职务犯罪案件中，笔者发现，几乎所有的犯罪嫌疑人均配备了智能手机，并且绝大多数是iphone等智能手机。相比传统手机，智能手机最大的优势在于拥有种类繁多功能各异的第三方应用程序，即所谓的APP。在智能手机的使用以及各类APP运行过程中，往往会留下不少信息资料、使用痕迹或者数据内容，而对于侦查人员来讲，如果能够积极获取犯罪嫌疑人智能手机上的这些信息资料等内容，并加以分析研判，那么这些信息内容必将大大拓展侦查人员的侦查思路，推动自侦案件的侦破进程。

一、智能手机的获取与进入

要想获取犯罪嫌疑人智能手机上的信息资料等内容，前提是能够获取其手机，而智能手机作为犯罪嫌疑人的私人财产，只有经过法定程序，才能合法地转变为助力侦查人员办案的“利器”。根据《刑事诉讼法》第134条规定，为了收集犯罪证据、查获犯罪人，侦查人员可以对犯罪嫌疑人以及可能隐藏罪犯或者犯罪证据的人的身体、物品、住处和其他有关的地方进行搜查。因此，在对犯罪嫌疑人立案之后，侦查人员可以按照法定程序对其出示搜查证，并对其随身携带的智能手机或者其车辆、住宅、办公场所内的智能手机进行及时的搜查。在查看手机内容的同时，要防止其利用输入开机密码等时机损毁手机或抢先将手机内部的信息内容进行销毁，因此要尽量避免直接将手机交由犯罪嫌疑人自行操作以免犯罪嫌疑人趁机毁坏手机。[①]

二、信息内容的分析研判

查看手机内的各类信息资料、使用痕迹以及数据内容，并对这些信息内容进行分析研判才是侦查的重点。侦查人员应当重点分析以下信息：

（一）通话信息

话单分析系统是一个自侦办案的重要平台，侦查人员可以借此分析犯罪嫌疑人的话单信息，从而掌握犯罪嫌疑人的关系圈子、活动轨迹、生活规律等一系列有利于办案的信息，并在此基础上实现抓捕对象到案或者辅助审讯突破的效果。但是话单分析系统的使用，需要事先获取到犯罪嫌疑人的话单，这就需要通讯运营商的配合。而在紧急需要的情况下，通过手机查询通话详单就可以很好地解决这一问题。侦查人员可以登录电信运营商的网上营业厅，利用扣押的手机获取动态验证码等方式，可以直接查询到犯罪嫌疑人6个月内的通话详单，包括通话起始时间、通话时长、通话类型、通话地、对方号码等，通过对通话信息进行筛选和分析，以此助力办案审讯。相比话单分析系统，这种通过网上营业厅调取通话信息并通过人工方式进行分析的做法比较费力，但却可以作为不时之需，在犯罪嫌疑人话单无法及时到位的情况下解燃眉之急。[②]

（二）地址信息

由于现在的智能手机基本上都配备定位功能，所以很多APP在使用的时候，都会留下地址信息，特别是iphone手机系统自带的"常去地点"等功能、拍照时附在照片上的位置信息、使用微信朋友圈发布信息时留下的位置标签、使用手机导航软件留下的历史痕迹等，都能够为自侦办案提供重要线索。比如，在办理某工程领域某贿赂案件时，行贿人和受贿人在供述中均提到，案发前的某时刻自己在外地某市出差，侦查人员通过查看双方手机导航软件、微信、QQ聊天内容、手机相册等信息，发现有多处信息表明，某月某日行受贿双方确实同时身处外地某市，有事前进行串供的可能性，于是果断调整了侦查方向。

（三）资金信息

在现有的办案模式中，对于犯罪嫌疑人的资金情况，一般都是侦查人员拿着银行查询单去每家银行进行撒网式"放单子"，既费时又费力，而且什么时候可以拿到银行账单完全取决于银行的配合程度以及工作效率。手机银行APP的普及，给侦查工作提供了一定的便利。侦查人员在取得手机后，可以查看机子上装有哪些银行的APP，然后集中精力对这几家银行开展针对性的查询。同时，手机银行类APP、证券类APP以及支付宝等第三方支付平台均会自动保存用户的使用记录，因此在对犯罪嫌疑人手机进行搜查的时候，侦查人员可以进入上述这些软件查看近段时间内的交易明细，掌握犯罪嫌疑人大致的资

①笔者认为，按照现有法律规定，要想获取犯罪嫌疑人智能手机内的信息内容，唯一合法的途径便是搜查，其法律依据为《刑事诉讼法》第134条之规定；而根据《刑事诉讼法》第139条第1款之规定，侦查人员在办案实践中，也可以依照查封、扣押程序对犯罪嫌疑人的智能手机进行获取，但根据该条第2款之规定，对于按照查封、扣押程序获取的手机，侦查人员只能妥善保管或者封存，不得使用、调换或者损毁，也就是说仅仅依照查封、扣押程序，只能获取到智能手机机体，而无法对手机内的信息内容进行合法的获取。

②该种方式的最大掣肘是，几乎所有类型的"网上营业厅"，能够查到的通话信息都只是最近6个月的，有时候无法满足自侦办案的需要，只能作为应急手段。

金进出，如大笔转账、大笔取现、购买证券、购买理财等情况，对犯罪嫌疑人的财务状况进行摸底。

（四）交通信息

各种交通类或者出行类APP，如铁路12306、航旅纵横、非常准、携程旅行、滴滴出行等，在为用户出行提供便利的同时，也留下了用户的订票记录、出行记录等信息，借助这类信息侦查人员可以大致勾勒出某一时段犯罪嫌疑人的行踪。此外，只要没有清空搜索历史，导航软件在使用过程留下的痕迹也是可见的，有些比较特殊的“目的地”，或许就可以成为审讯中的突破口。

（五）人际信息

掌握犯罪嫌疑人的人际网络和生活圈子，可以大大拓展侦查视野。智能手机安装的各种社交类APP上集成了机主大量的人际信息，值得引起侦查人员重视。侦查人员在搜查犯罪嫌疑人手机的时候，不要轻易放过QQ、微信、微博这些社交类APP，一方面聊天记录①中有可能留存跟案件相关的内容，可以作为审讯的“弹药”；另一方面这些APP上的人际信息，可以让侦查人员对犯罪嫌疑人的人际圈子有一个直观的了解，有助于案件的深挖。比如在办案实践中，通过行贿人的手机可以着重排查其与相关国家工作人员之间的联系，由此发现“一点对多点”行贿的情况；通过受贿人的手机可以着重排查其与相关商人之间的联系，由此发现“多点对一点”行贿的情况；在贪污案件中，可以通过犯罪嫌疑人手机着重排查其与相关同事、财务人员之间的联系情况，从而发现贪污的共犯。总而言之，对于犯罪嫌疑人的智能手机，不能轻易放过任何可以反映出其人际信息的内容，因为有些看似不起眼的蛛丝马迹，也许最终可以“拔出萝卜带出泥”，帮助检察机关侦破窝串案，扩大战果。

（六）生活信息

俗话说“知己知彼，百战不殆”，其实每一次审讯都是一次斗智斗勇的过程，为了确保侦查人员能够在审讯中占据主导地位，在审讯之前就必须尽可能多地掌握关于犯罪嫌疑人的基本情况，包括家庭成员、社会关系、兴趣爱好、性格脾气等。这些信息一般靠初查阶段外围的旁敲侧击而得，而一旦进入立案程序，侦查人员还可以通过搜查对方的手机来了解这些相关的信息。要发现犯罪嫌疑人的兴趣所在，以便“投其所好”开展审讯，提高案件的突破效果。

（七）其他信息

在对犯罪嫌疑人的智能手机进行搜查的时候，还有几处地方不容忽视：

1.备忘录、记事本。对有些人而言，手机中自带的备忘录或者其他记事类APP是生活中的小助手，有些关键性的信息怕遗忘，往往会记载其中，因此这些地方留存的信息内容尤其值得侦查人员注意。

2.语音备忘录。语音备忘录中保存的音频信息有时候也可以为侦查人员提供大量情报，因为这是对录音时客观情况的最直接记录。有时候行受贿双方为了保护自己，或者其他目的，往往会偷偷进行录音。

三、信息内容的综合利用

笔者认为，从犯罪嫌疑人智能手机中获取的信息内容，主要可以起到两方面的作用：

---

①可以利用搜索功能，输入一些与案件相关的人名、地名、物品名，看看有无相关的聊天记录。

一是为侦查人员提供侦查方向，为审讯提供突破口，提升自侦办案的效率；二是电子数据是一项重要的证据，在侦查过程中要按照法定程序进行提取和固定。

关于信息内容第一方面的作用，笔者在本文上一部分“信息内容的分析研判”中已有所涉及，此处不赘，关于电子数据证据的提取与固定一般可以采用以下做法：

（一）通过摄影摄像提取证据

对于最终要作为证据的信息，通过拍照的方式将手机显示屏上的内容进行提取，同时将整个提取过程用摄像的方式进行记录，是办案实践中比较普遍的做法。

（二）通过笔录固定证据

刑事诉讼法第138条规定，搜查的情况应当写成笔录，因此通过技术手段对犯罪嫌疑人手机上的信息内容进行提取后，接下来很关键的一步便是对整个提取过程以及提取出来的证据以笔录形式予以固定。

在提取与固定相关信息内容作为证据之后，笔者认为还有必要对智能手机这一承载电子数据的载体予以封存，以避免原始数据被破坏，确保证据的完整性。此时便涉及扣押程序。较为妥当的做法应为：（1）关闭手机移动网络；（2）记录手机外观状态及IMEI码①；（3）办理扣押手续，为手机接入移动电源，并一同置入电磁屏蔽袋；（4）屏蔽袋标签栏注明相关信息，置入物品保管箱进行存放。

四、值得注意的问题

（一）保护犯罪嫌疑人的隐私

笔者认为，对犯罪嫌疑人智能手机上的信息内容进行获取、分析、利用的过程中，应当坚持“既有利于办案，又保护机主隐私”的原则。在一般情况下，犯罪嫌疑人的手机上面往往有许多私人信息内容，理应将这些私人信息内容和与案件相关的信息内容区分对待——与案件相关的信息内容，应当及时进行提取与固定，防止这类信息被损毁、修改或者灭失；与案件无关的内容，不得以任何方式进行复制，也不得进行删除等操作，在办案中严格注意保密，禁止将手机中有关犯罪嫌疑人的个人隐私进行传播。

（二）手机内容的恢复

在办案实践中，侦查人员也经常会遇到犯罪嫌疑人在案发前通过删除手机内容的方式来对抗侦查，对于这种情况，通常的做法是将手机交予技术部门，由技术部门通过专业软件对手机数据进行恢复。▲

① IMEI码系移动设备国际身份码的缩写，每部手机在组装完成后都被赋予全球唯一的一组IMEI码，可以在手机拨号界面通过输入“*#06#”予以查看。

多媒体出庭支持公诉应用浅议

文 | 天津市人民检察院第二分院　施长征　冯文智

以审判为中心是刑事诉讼的原本初衷和现实追求，[①]检察机关为这一原则之实现当有所作为，综观现今之研讨，多在宏观层面予以阐发，即使检察人员的注意力全部集中于这一原则并高度重视它，但仍不知道在现实中如何“迈开步”去实践。如最应当体现“以审判为中心”的庭审环节，公诉人的出庭支持公诉工作当何为而体现该原则。笔者认为，在出庭支持公诉中善用多媒体等技术手段就在很大程度上体现了“以审判为中心”，亦应通过此技术之普遍应用而改变原有的公诉模式。

公诉人运用多媒体方式使刑事审判回归“剧场化”模式。从历史的维度看，司法审判经历了由“广场化”到“剧场化”的转变过程，[②]而以往现实中大部分刑事审判又因公开程度较低而逐渐走向“封闭化”。公诉人在举证环节多以宣读、出示原始证据材料为主要甚至是唯一的举证方式，这种方式对于已经阅过卷的控、辩、审三方没有问题，但是对于被告人、旁听人员等未看过证据材料的人在摄取案件信息上存在一定的障碍。在庭审中，时常出现公诉人宣读大段证言后，有些被告人表示有些地方没有听清楚的情况。这种出庭方式亟待革新，若公诉人善于运用多媒体等技术手段，可以更加清晰地展示证据，更加清楚地表达公诉意见，使公诉人的“角色”扮演得更加到位。“技术是世界的构成

①参见孙长永：《审判中心主义及其对刑事程序的影响》，载《现代法学》1999年第8期。
②参见舒国滢：《从司法的广场化到司法的剧场化——一个符号学的视角》，载《政法论坛》1999年第3期。

方式”，技术因素是连接主观和客观的一种方式，这种连结方式改变了，可能带来的变化是翻天覆地的。如今强调以审判为中心，强调庭审实质化，使司法审判回归“剧场化”模式，对于刑事案件审判而言，犯罪要证实在庭上，犯罪揭示要在庭上，通过公诉人的举证等出庭工作，要让不看卷的人对被告人的犯罪事实看得明明白白，听得清清楚楚。多媒体等技术手段显然是保证出庭效果不可或缺的技术手段，以公诉人宣读结合文字、图片、图示等多媒体展示的效果，显然要比单纯宣读证据效果要好，现在重大贿赂犯罪案件的出庭支持公诉环节几乎全部运用多媒体等技术手段，保证了较好的出庭效果。

运用多媒体等技术手段需要公诉人的出庭表达作出相应调整。运用多媒体方式后，公诉人的声音信息和多媒体传送的图文信息会同时出现在法庭，而后者会更吸引当事人、旁听人员的注意力，大部分庭审现场都会单独为被告人设置多媒体显示装置，那么整个过程中被告人的注意力将更加集中于多媒体演示的内容。公诉人不能按照以往的表达习惯宣读证据材料，而应当根据多媒体演示的内容和节奏，适当调整语气、语势、重音、停顿等，要达到“声图同步、声图呼应”的效果。有的观点认为运用多媒体等技术手段，公诉人成为多媒体的解说员，沦为庭审的配角，有喧宾夺主之嫌。这显然是一种误解，公诉人的宣读和多媒体方式都是服务于出庭支持公诉——当庭揭示和证实被告人所犯罪行，只要有利于该目的的实现，何必在乎所谓的“宾”“主”之名，更何况多媒体展示的内容能够将公诉人庭前的辛苦工作予以呈现，多媒体等技术手段的运用同样是公诉人智慧的体现。

多媒体等技术手段的运用对举证环节影响最大。举证是出庭支持公诉工作的重要环节，工作量较大，一次庭审成功的关键之一就是举证效果的好与坏。由单一宣读式到宣读结合多媒体示证，并不是简单地将书面证据材料电子化之后予以全部呈现。由于证据材料较多，如全部运用多媒体展示，势必加重当事人、旁听人员摄入信息的负担，从庭审时间考虑也很难实现。公诉人将证据材料逐字逐句宣读，效果不好，也无必要。因为多媒体示证的运用是依托于出示全部证据材料的全面示证模式的，且一般是以庭前会议的全部证据开示为前提，所以需要公诉人对宣读、出示的证据材料予以选取，既要能够证实犯罪事实，又不能断章取义，如对于证人证言，需要宣读部分原文或者播放证人录像，对于其他证言可简化出示，对于书证、鉴定意见等证据，应突出显示其中的核心内容。证据出示的顺序亦应有所调整，公诉人通过举证就好似在讲述一个关于犯罪的故事，那么如何讲好这个故事和出示证据的次序有很大关系。在以往开庭时，公诉人习惯先出示证明力较强的客观性证据，后出示主观性证据，但由于客观性证据比较零散，不利于公诉人去讲好一个“故事”。运用多媒体示证，一般要以“总－分－总”的顺序展示证据，那些更有利于展示犯罪事实的全貌的证据应首先出示，之后再举出其他证据去印证，相当于先交代一个故事梗概，之后再补充若干细节，让这个故事在听众面前显得越来越丰满，将被告人的供述笔录放在最后宣读，让其“亲口”总述这个“故事”，呼应其当庭供述内容，并进一步反映被告人以往的认罪情况。

公诉人亟须加强运用多媒体等技术手段

的训练。公诉人一般为法学专业出身，大多数对于多媒体等技术手段较为陌生。实践中一般让检察技术人员参与多媒体制作并出庭配合公诉人进行播放，但这种方式的弊端有二：一是检察技术人员需有法学专业知识并对案件事实十分熟悉，专业障碍大，有重复工作之嫌；二是检察技术人员出庭地位不明确，在法律、司法解释中，出庭的检察人员包括检察长、检察员、助理检察员和书记员，并不包括检察技术人员，有些案件中出庭时将检察技术人员的座位单独放置于公诉人的后排，显得有些不伦不类，有些法院已经明确对这种方式提出反对。多媒体制作等技术手段均只是一种工具，其中使用较多的PowerPonit也只是常用的办公软件之一，只要公诉人付出一定的时间和精力，经过一段时间的训练，应能满足出庭要求。应当将运用多媒体等技术手段作为公诉人入职培训的必修课程，对公诉人平时出庭案件运用多媒体示证提出占比要求，并定期观摩公诉人运用多媒体出庭的案件，让公诉人运用多媒体等技术手段成为其基本技能之一。▲

新媒体下的检务公开
——以福建省检务微信公开为研究对象

文|福建省三明市泰宁县人民检察院　吴华雄

随着信息技术的快速发展和应用，检务公开的方式也趋向于多样式，从以往的发布会、门户网站进入以微博、微信、手机报等新兴媒体为主的新媒体公开模式。2014年7月15日，最高人民检察院党组通过《最高人民检察院新闻发布会实施办法》，继召开例行发布会、专题发布会，通过门户网站发布外，把官方微博、微信、新闻客户端逐步纳入检察机关发布新闻的方式当中，发布检察机关重大政策、司法解释、阶段性成果、重要改革措施等。[①] 其中又以微信平台最为重要，据CuriosityChina发布的2015微信用户数据报告显示，在2015年第一季度末，微信每月活跃用户已达到5.49亿。[②] 所以如何在微信平台中掌握主动权，扩大检察机关影响力，从而深化检务公开工作就成为当下的一个新课题。本文就新媒体下的微信平台中如何深化检务公开工作进行了分析和建议。

一、我省检察机关微信平台的发展现状

福建省检察新媒体新军突起，目前，全省检察机关的微信平台开通率已达99%以上，功能运用愈趋于完善，从以往单一的新闻宣传逐步向检务公开、公众服务等纵深领域发展，呈现良好的发展态势。特别是近一两个月发布的微信，更得到了越来越多的社会关注和网友点赞。根据中国新媒体指数管理中心的微信数据分析，从2015年5月31至6月27日4周以来，以福州闽侯县检察院的闽

①参见王话国：《常态化新闻发布推动检务公开》，载《检察日报》2014年7月14日。
②《CuriosityChina. 2015微信用户数据报告——中文版》，微信平台，2015年5月27日。

侯检察、漳州市龙文区检察院的龙文检察、福州市检察院的福州检察之窗受到的关注最多，如图1：

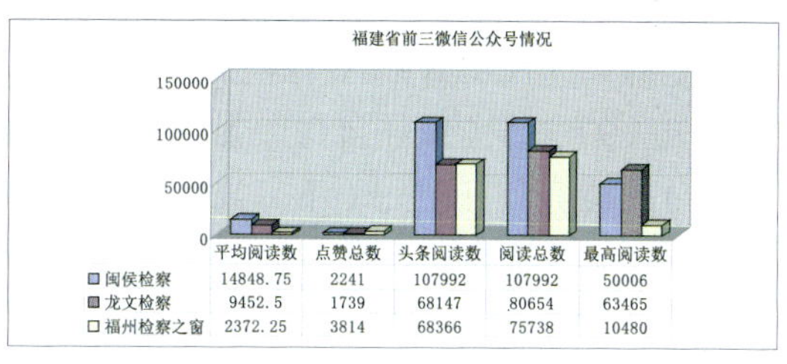

	平均阅读数	点赞总数	头条阅读数	阅读总数	最高阅读数
闽侯检察	14848.75	2241	107992	107992	50006
龙文检察	9452.5	1739	68147	80654	63465
福州检察之窗	2372.25	3814	68366	75738	10480

>> 图1

作为福建省检察机关官方微信的前三甲，闽侯、福州、龙文的微信头条阅读数、阅读总数和最高阅读数均破万。其中闽侯检察的平均阅读数、头条阅读数、阅读总数呈现比较明显的领先优势。龙文检察着重于最高阅读数。福州检察之窗领先点赞总数。

二、我省检察机关微信平台运行情况分析

（一）微信平台发布内容的表现形式分析

通过微信的外在阅读数据，从内容的表现方面进行分析，目前的微信内容存在的表现形式主要有传统图文、新式图文、漫画图文、新媒体、微电影五大种。以闽侯检察、龙文检察、福州检察之窗前三甲的数据为例，如图2：

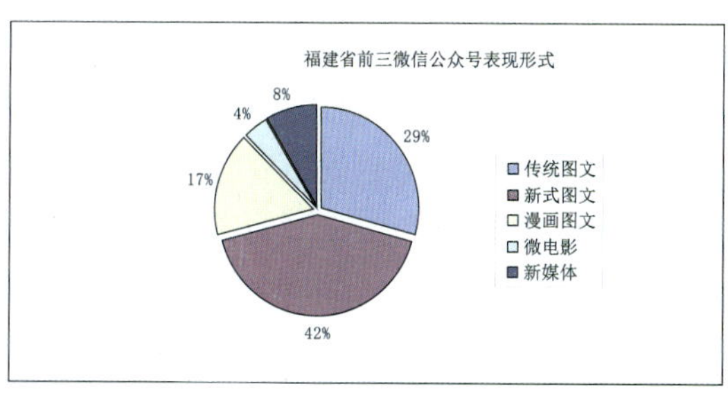

>> 图2

从饼状图中不难看出，以闽侯检察、龙文检察、福州检察之窗3个为首的福建省检察机关微信公众号，在检务公开的时候，更多地是采用新式图文搭配检察文化的方式。新式图文，是建立在传统图文的基础上的一种微信发布形式，通过微信图文编辑器、微信排版工具等对传统图文的美化、再加工，能够有效地避免传统图文的单调性，使得微信发布的内容更有特色。同时，新式图文所利用的微信编辑器和排版工具等软件的可操作性比较强，操作方式简单易懂，所以更受欢迎。相比而言，传统图文的操作性就更简单了。一张图、一段话就能构成一篇传统的图文微信，加上目前基层检察机关负责微信工作的人员偏少，日常工作量又偏大，往往更喜欢选择更为简单的传统图文。所以传统图文仍然以29%的使用率占据第二名，但由于其表现出来的方式太过简单和单调，在吸引读者方面则有所欠缺。漫画图文的表现形式比较新颖，是新式图文的一种另类表现。诙谐的漫画搭配上有趣的文字往往更能吸引读者从而能取得满意的结果。例如在《检察日报》联合新媒体排行榜发布的第三十三期中国法律微信影响力排行榜中，来自“龙文检察”的漫画图文《娶检察女生为妻的十大理由》就以明显优势获得全国第一，单篇点赞数更是达到七百以上。同样用视频的形式将要发布的内容播放出来也是取得好成绩的方式。在《检察日报》联合新媒体排行榜发布的第三十六期中国法律微信影响力排行榜中，来自“闽侯检察”的《【第五十三期】村级换届选举专题预防微电影〈血砂〉》就以将近5万的阅读量夺得头名。不过微电影的制作成本太高，花费时间过长，虽能取得非常的效果，但在所有的表现形式中反而最少。最后说下新媒体，这是一种崭新的微信发布方式，利用基于HTML5的制作工具MAKA，将微信内容从以往的图文形式转变成

独特的web app作品，给人耳目一新的阅读体验。虽然利用率处于比较低的位置，但凭借其简易的操作流程，新颖的阅读体验，新媒体这一方式将越发受欢迎。

（二）微信平台发布的内容类型分析

当前检察机关微信公众号的内容类型主要有队伍建设、宣传普法、领导关怀、检察文化以及各业务内容几个部分。同样以闽侯检察、龙文检察、福州检察之窗前三甲为例。如图3：

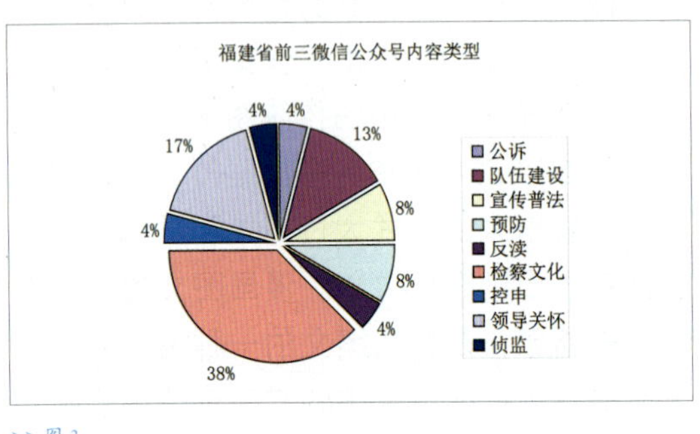

>> 图 3

同时，在微信平台的检务公开内容方面，以闽侯检察、龙文检察、福州检察之窗3个为首的福建省检察机关微信公众号还是以检察文化为主。检察文化囊括了检察干警的诗词文章、节日活动和人生态度。涉及面广，自主性强，趣味性足，参与度高，既能吸引检察干警参与，又可以宣传检察中心工作。在宣传活动中能将核心价值观内化于心、外化于行，从而转化为检察干警的精神信仰和价值取向，以38%的利用率占检察机关微信平台的最高。就像前文提到的《娶检察女生为妻的十大理由》就是通过漫画的形式描绘我们优秀的女性检察官来体现检察机关中的女性文化。领导关怀主要是记录上级领导的视察调研工作，在行文方面相比于检察文化则严肃性太强、自主性不足。具有一定的使用限制性。队伍建设基本是根据上级单位的指示文件进行党政建设和司法规范，限制性一般，利用率不高。至于普法宣传则主要是面向群众的活动，主要方式有“举报宣传周”、“检察长接待日”、“基层授课”等。能够有效地提高人民群众的法律意识，从而强化检察机关的法律监督和自身监督。所以在微信平台的检务公开中处于不可或缺的位置。最后，公诉、反贪、反渎等主要是介绍各业务部门的业务内容、工作反馈、案件公开等。能增加群众对检察机关组织机构、工作职能的认识。犹如前文《【第五十三期】村级换届选举专题预防微电影〈血砂〉》就是采用微电影的方式来提升预防职务犯罪工作的认识度和社会影响力。

三、关于建设检察机关微信平台的建议

目前，福建省检察机关新媒体的建设已经趋于成熟，基本实现了通过微信平台进行检务公开，但在深化检务公开工作，提高宣传关注度、加强和社会公众的互动沟通方面还有待提高。特别是基层院，作为检察机关的主体，面对最广大的人民群众，建设微信平台时除了转发《检察日报》、最高人民检察院、省、市及兄弟县院的微信内容以外，更应该提高对原创微信的制作数量和质量。对此，本文就如何更好地建设微信平台，深化检务公开工作提几点建议：

（一）关于微信平台发布内容的表现形式

在微信平台发布的表现形式上多采取新式图文、漫画图文以及新媒体这三种方式。首先就是在用新闻照片素材制作微信的时候，多使用微信编辑器、微信排版工具等相关软件，特别是制作传统图文，尽量进行美化和再加工，将之转变成新式图文。同时可以配上音乐素材，运用MAKA软件制作成新媒体形式。这样制作出来的图文信息就会更加的形

象、生动和美观。能有效地增加对读者的吸引力，提高读者的关注和转载，从而扩大检务公开的效果。其次在没有新闻照片素材的情况下，可以运用漫画的元素。用漫画素材替代照片，再搭配上恰当的文字说明就是一篇优秀的漫画图文。最后，在条件允许的情况下可以适当地使用微电影的方式，效果也是非常不错的。

（二）关于微信平台发布的内容类型

在微信平台发布的内容类型上多宣传检察文化和各业务科室内容。前文提到队伍建设、新闻普法这类新闻的素材往往伴随着检察机关的相关活动，出现的频率不高，导致时效性太强而不能长期使用，具有一定的限制性。相对而言检察文化和各业务内容因为涉及面广、素材丰富，就没有这些限制。同时，制作这类题材的微信还可以通过宣传检察机关文化和部门工作职能，来加深群众对检察机关的认识和了解，从而深化检务公开工作的开展。▲

图书在版编目（CIP）数据

检察技术与信息化 . 2016 年 . 第 2 辑 /《检察技术与信息化》编委会编 . -- 北京 : 中国检察出版社 , 2016.6
ISBN 978-7-5102-1652-7

Ⅰ . ①检… Ⅱ . ①检… Ⅲ . ①检察机关—工作—信息化—中国 Ⅳ . ① D926.3-39

中国版本图书馆 CIP 数据核字 (2016) 第 100008 号

中国检察出版社

书　　名　检察技术与信息化 2016 年第 2 辑
ISBN 978-7-5102-1652-7

执行主编　赵志刚
责任编辑　杜鸿波
美术编辑　尚夏丹
技术编辑　蒋　龙
出版发行　中国检察出版社
地　　址　北京市石景山区香山南路 111 号（邮编 100144）
编辑电话　（010）68682164
发行电话　（010）88954291　88953175　68686531
印　　刷　中煤（北京）印务有限公司
成品尺寸　185mm × 260mm
版　　次　2016 年 6 月第一版
印　　次　2016 年 6 月第一次印刷
印　　张　10.25
字　　数　217 千字
定　　价　33.00 元

《检察技术与信息化》
连续出版物征稿征订启事

自2013年10月《检察技术与信息化》连续出版物创刊以来，在全国检察机关技术信息部门的大力支持下，刊物发展良好，同时得到了各级检察机关、有关政法部门以及社会科研院校的支持和肯定，受到了广大读者的欢迎和认可，实现了“加强方向引导，促进学术交流，凝聚人心士气，弘扬科技文化”的办刊目标。本刊物欢迎广大关心检察技术与信息化工作人士不吝赐稿，互联网投稿邮箱2764152304@qq.com。同时，也欢迎广大读者继续关心支持本刊物的发展，积极订阅《检察技术与信息化》连续出版物。征订本刊物请登录中国检察出版社官方网站（www.zgjccbs.com），在导航栏“连续出版物”栏目中选择“2016年《检察技术与信息化》”进行订阅，往期刊物也可通过中国检察出版社官方网站订阅。本刊物微信公众号为“jcjsyxxh2013”，如对本刊物有任何意见或建议，请联系《检察技术与信息化》编辑部。

客服1：010-88953175

（北京、天津、山西、陕西、河北、黑龙江、吉林、辽宁、内蒙古、青海、山东）

客服2：010-88954291

（河南、浙江、江苏、安徽、上海、福建、甘肃、江西、新疆、西藏）

客服3：010-68686531

（广东、广西、海南、重庆、四川、云南、贵州、湖北、湖南、宁夏）

刊物联系电话：010-68682164，010-68688565

《检察技术与信息化》编辑部

2015年12月10日